Ingrid Burger-Segl

ARCHÄOLOGISCHE WANDERUNGEN

Band 1: unteres Altmühltal

NATURPARK ALTMÜHLTAL

Verlag Walter E. Keller

Dr. Ingrid Burger-Segl, seit 1978 mit dem Aufbau und der Leitung des Archäologischen Museums der Stadt Kelheim betraut, studierte nach einer Holzbildhauer-Ausbildung Vor- und Frühgeschichte, Provinzialrömische Archäologie und Osteoarchäologie in München und Freiburg. Für ihre lebendige Darstellung der Vor- und Frühgeschichte in dem 1981 eröffneten Museum Kelheim wurde dieses bei der Verleihung des Europäischen Museumspreises 1982 besonders hervorgehoben.

Die Deutsche Bibliothek – CIP-Einheitsaufnahme

Burger-Segl, Ingrid:
Archäologische Wanderungen / Ingrid Burger-Segl. [Naturpark Altmühltal]. – Treuchtlingen : Keller.
(Reihe gelbe Taschenbuch-Führer)
Bd. 1. Unteres Altmühltal. – 1992
ISBN 3-924828-42-3

2. Auflage 1993

Abbildungsnachweis: Abb. 1, 3, 4, 5, 6, 9, 11, 12: Hans Baumer, Pfaffenhofen; Abb. 7, 13, 14, 15, 22, 35, 36, 37, 40: Archiv Archäol. Museum Kelheim; Abb. 8, 18, 24, 27, 28, 31: Siegfried Rewitzer, Kelheim; Abb. 10, 16, 25, 29, 30, 34, 38, 39: Bayer. Landesamt für Denkmalpflege; Titel (Klausenhöhlen), Abb. 2, 17, 20, 21, 23, 26, 32, 33: Walter E. Keller, Treuchtlingen; Abb. 19: Fam. Gruber, Kelheim
Lithos: e+r Repro GmbH, Donauwörth
Druck: W. Lühker GmbH, Weißenburg
Printed in Germany - 4. - 6. Tausend

Gedruckt auf Recycling-Papier und -Karton

Inhalt

Vorwort

Das Altmühltal gehört zu den schönsten und geschichtsträchtigsten Kulturlandschaften Deutschlands; viele Bauwerke und Kulturhinterlassenschaften unserer Vorfahren sind hier erhalten geblieben. Als obertägig noch sichtbare Bodendenkmäler unterliegen sie dem Bayerischen Denkmalschutzgesetz, dessen Hauptanliegen der Erhalt und die Pflege dieser unwiederbringlichen Geschichtsquellen aus einer schriftlosen Zeit sind.

Die Beschreibungen der Wanderwege zu den oft versteckt liegenden Höhlen oder Grabhügeln sollen nicht dazu führen, daß Bodendenkmäler durch unsachgemäße Raubgrabungen – oft mit Metallsuchgeräten – noch stärker beschädigt werden, als dies leider schon um die Jahrhundertwende geschah. Dieser Taschenbuch-Führer soll vielmehr den historisch Interessierten ein Gefühl der Achtung für die Bauwerke früherer Menschen und deren sichere Geländekenntnis vermitteln. Jegliche nicht von den zuständigen staatlichen Stellen autorisierte Grabungstätigkeit an Bodendenkmälern wird hart bestraft.

Trotz der Beschreibung des Zugangs zu den archäologischen Wanderzielen ist die Benützung der Wanderkarte „Naturpark Altmühltal. Mittlerer und östlicher Teil“ im Maßstab 1 : 50 000 sehr hilfreich, da dort fast alle obertägigen Bodendenkmäler und die numerierten Wanderwege eingezeichnet sind.

In diesem Führer unberücksichtigt bleiben der Zeitraum der römischen Herrschaft sowie die eindrucksvollen archäologischen Zeugnisse und Spuren aus dieser Epoche. Sie finden sich in den Taschenbuchführern „Die Römer am Limes“ und „Die Römer an der Donau“, erschienen in der gleichen Reihe.

Für vorzügliches Kartenmaterial und die Begleitung auf nicht selten abseits gelegenen Pfaden möchte ich mich bei meinem „Sicherheitsoffizier“, Herrn Major Ingo Bollin, herzlich bedanken. Das Verständnis meines Mannes, Professor Dr. Peter Segl, seine Anregungen bei der Textgestaltung und seine Unterstützung beim Korrekturlesen waren mir wie stets eine große Hilfe.

Bayreuth/Kelheim, im Herbst 1991

Das Altmühltal einst und heute

Hätten wir unsere archäologischen Wanderungen vor 500 000 Jahren gemacht, dann wären wir nicht entlang der Altmühl, sondern entlang der Donau spaziert. Damals, nämlich in der sogenannten Rißeiszeit, floß die Donau durch das heutige Wellheimer Trockental, nahm bei Dollnstein die Altmühl auf und strömte als „Altmühldonau" Kelheim entgegen. Mit ihren alpinen Wassermassen formte sie ein 150 Meter tiefes, imposantes Tal, arbeitete unter hohem Druck Hohlformen an den Talrändern heraus, wodurch die bekannten Höhlen entstanden. Die unterschiedliche Wasserführung während der Eiszeiten führte zu einer Aufschotterung, und die Donau suchte sich vor 300 000 bis 200 000 Jahren einen anderen Weg: Das Wellheimer Trockental entstand und der Donaudurchbruch bei Weltenburg im Tälchen eines Nebenflusses.

Die geologische Beschaffenheit und die geographische Lage wirkten seit jeher für den Menschen, der hier ab der letzten Eiszeit (Würmvereisung) vor 80 000 Jahren nachweisbar ist, anziehend. Nahezu alle Epochen der Vor- und Frühgeschichte sind durch Funde und obertägige Denkmäler belegt, viele schlummern noch unentdeckt in der Erde.

Während der letzten Eiszeit und der Nacheiszeit bot das Altmühltal den nomadisierenden Jägern und Sammlern einen geeigneten Lebensraum, Höhlen konnten zumindest saisonal als Wohnraum genützt werden. Für die nachfolgenden Ackerbauern, die im 6. Jahrtausend. v. Chr. der Donau entlang aus dem Südosten zuwanderten, war das Altmühltal weniger attraktiv. Sie benötigten gute Ackerböden und siedelten daher nur auf Lößflächen. Erst im Mittel- und Jungneolithikum (ca. 4500 – Mitte 4. Jahrtausend v. Chr.) ist ein gelegentliches Aufsuchen zu beobachten, das sich gegen Ende der Jungsteinzeit und der beginnenden Bronzezeit verstärkt. Die ersten Fernbeziehungen zeichnen sich ab und könnten mit einem der frühest genützten Bodenschätze, dem Hornstein – auch Silex oder Feuerstein genannt – zusammenhängen.

Der in Platten und Knollen im Jurakalk auftretende Hornstein läßt sich durch Abschlagen verhältnismäßig leicht formen und war daher sehr begehrt. Aus diesem „Stahl der Steinzeit“ stellten die Menschen jahrtausendelang ihre Werkzeuge (Faustkeile, Schaber, Spitzen, Klingen) und Waffen (Messer, Pfeilspitzen) her.

In der Alt- und Mittelsteinzeit konnte der Bedarf an Feuerstein noch durch Auflesen oder Angraben der Oberfläche gedeckt werden, in der Jungsteinzeit mit einer sprunghaft angestiegenen Bevölkerung wurde ein planmäßiger Abbau an ergiebigen Lagerstätten in Kuhlen oder Schächten notwendig, um an die rohstofführenden Schichten zu gelangen.

Im hier beschriebenen Exkursionsbereich sind derzeit nur zwei Abbaustellen bekannt: zwischen Prunn und Riedenburg unterhalb der Einöde Emmerthal und oben auf der Hochfläche zwischen Baiersdorf und Keilsdorf. Vor allem Baiersdorf zählte ab dem Jungneolithikum zu den hauptsächlich aufgesuchten, ergiebigen Lagerstätten. Abfallprodukte deuten an, daß man bereits an Ort und Stelle Halbfabrikate herstellte, bevor diese dann in entfernteren Siedlungen bearbeitet und an den Handel weitergegeben wurden.

In der frühen Bronzezeit entstanden erstmals größere Siedlungsareale mit Pfostenbauten, und zwar im Beilngrieser, im Dietfurter und im Kelheimer Becken. Die verkehrsgeographische Lage und die Wassernähe mögen neben anderen Faktoren eine Rolle gespielt haben, daß an allen drei Plätzen über 1200 Jahre eine Siedlungskontinuität bis hin zu den großen keltischen Wanderungen (3. Jh. v. Chr.) zu verzeichnen ist.

In der Hallstattzeit (ab 750 v. Chr.) wurde das untere Altmühltal besonders stark besiedelt. Wie Perlen an einer Schnur reihen sich Siedlungen (11) und Gräberfelder (14) von Kelheim bis Beilngries aneinander. Lockte in der beginnenden Eisenzeit das Eisenvorkommen neue Siedler an? Zahlreiche Schlackenhalden am Talrand und auf den Höhen zeugen vom Abbau und von einer Verhüttung. Oberflächlich gelagertes Rasen- und Bohnerz wußte man bereits in der Hallstattzeit zu verhütten, Zentren ei-

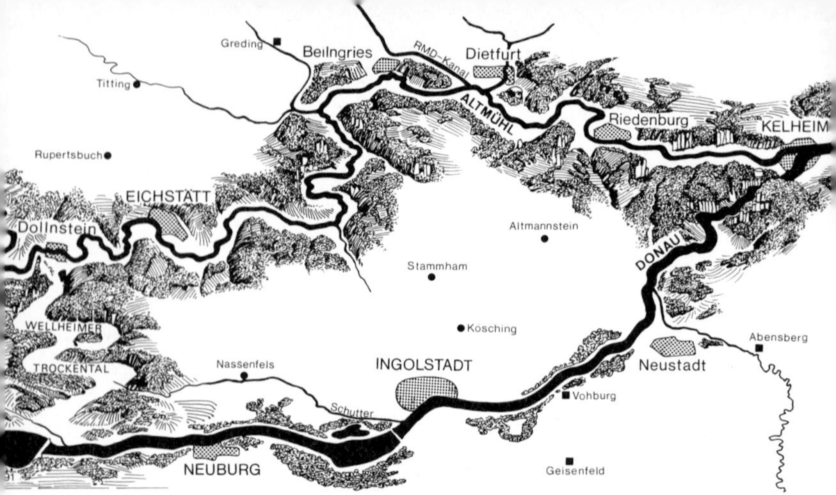

Abb. 1 Verlauf der Urdonau durch das Wellheimer Trockental und das Altmühltal

Abb. 2 Altmühltal mit Main-Donau-Kanal von der Burg Randeck über Neuessing

nes regelrechten Bergbaus mit Verarbeitung können erst in spätkeltischer Zeit beobachtet werden. Im Bereich des keltischen Oppidums in Kelheim zeugen noch heute Geländehohlformen vom Tagebau der Kelten. Um an die erzführende Schicht der Oberkreide heranzukommen, die auf und in dem sehr zerklüfteten Massenkalk eingelagert ist, mußte rund sieben Meter tief abgegraben werden. Ein weiteres keltisches Eisenzentrum lag im Sulztal bei Berching-Pollanten.

Die Eisengewinnung und -verhüttung im Kelheimer Raum spielte im frühen Mittelalter noch eine große Rolle, im Mittelalter und in der Neuzeit wohl weniger, da die im 14. Jahrhundert getroffenen Vereinbarungen der Städte Amberg und Sulzbach mit den Hammerwerksbesitzern von Nürnberg (Große Hammereinung von 1387) auch Auswirkungen im Altmühltal zur Folge hatten. Trotz der Monopolstellung Ambergs wurde aber auch hier immer wieder versucht, Eisenerz zu gewinnen. Einer der zuletzt errichteten Eisenhämmer, jener von Nußhausen, gelangte durch die „Kanalarchäologie" wieder ans Tageslicht.

Eine Verbindung zwischen Main und Donau mittels eines Kanals herzustellen, versuchte bereits Karl der Große im Jahre 793. Doch das Unternehmen, die Schwäbische Rezat (bei Treuchtlingen) auf knapp 1800 Meter mit der zur Donau fließenden Altmühl zu verbinden, scheiterte. Nach verschiedenen Ideen über Jahrhunderte hinweg wurde der Kanalbau erst durch König Ludwig I. von Bayern verwirklicht. Nach zehnjähriger Bauzeit wurde der „Ludwig-Donau-Main-Kanal" 1846 eröffnet. Von Kelheim bis nach Dietfurt wurde so weit wie möglich die Altmühl integriert, bevor über das Ottmaringer Trockental eine Verbindung zum Sulztal geschaffen wurde. Bis 1860 konnten mit der Kanalschiffahrt sogar Gewinne erwirtschaftet werden, doch die Überlegenheit des neuen Transportmittels Eisenbahn bedeutete auf lange Sicht das Ende des Ludwigskanals in seinen bescheidenen Dimensionen. Etwa 45 Prozent dieses Baudenkmals aus der Zeit der frühen Industrialisierung mit den romantisch anmutenden Schleusenanlagen sind heute noch erhalten.

Ein wesentlich größerer Eingriff in die Landschaft erfolgte erst in der Gegenwart. Die 1921 gegründete Rhein-Main-Donau-AG begann nach der Teilfertigstellung der Kanalstrecke Bamberg-Nürnberg 1976 im unteren Altmühltal weiterzubauen. Um diesen 35 Kilometer langen Abschnitt von 178 Kilometern Gesamtlänge entbrannten daraufhin heftige Diskussionen. Sie betrafen nicht nur eine der schönsten Kultur- und Erholungslandschaften in Deutschland, sondern auch eine Kernlandschaft archäologischer Denkmäler. Nach anfänglichen Schwierigkeiten bestand glücklicherweise für das Landesamt für Denkmalpflege die Möglichkeit, bauvorgreifend archäologische Untersuchungen (von der Rhein-Main-Donau-AG unter Mithilfe der Bundesanstalt für Arbeit finanziert) durchzuführen. Die Ergebnisse waren von hoher wissenschaftlicher Bedeutung. So konnten z. B. in Kelheim die geschichtlichen Zusammenhänge in einem Kleinraum untersucht werden, die zum Nachweis einer Siedlungskontinuität an dieser Stelle vom 5. Jahrtausend v. Chr. bis 1000 n. Chr. führten. Das gesamte Altmühltal barg eine Überraschung nach der anderen, zu deren Hauptergebnis die starke Besiedlung in der Hallstattzeit gehört.
Bei jedem Eingriff in den Boden, sei es durch Bautätigkeiten oder Ausgrabungen, werden archäologische Befunde unwiederbringlich zerstört. Eine sorgfältige und genaue zeitraubende Dokumentation ist daher das wichtigste. Die nun 15 Jahre andauernden Ausgrabungen im Bereich des Europakanals haben den Archäologen die Möglichkeit eröffnet, das unterirdische Buch der Geschichte in diesem Raum aufzuschlagen.

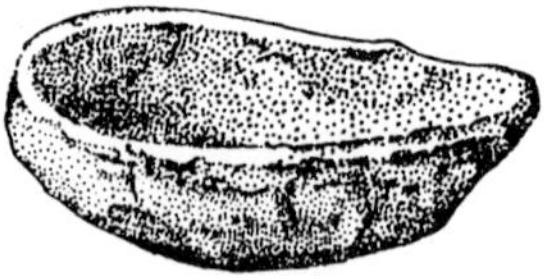

Abb. 3 Tonmodell eines Bootes aus Dietfurt, um 1000 v. Chr.

Höhlen – Schutz für Mensch und Tier

Die Landschaft des unteren Altmühltals wird von steil abfallenden Kalkfelsen geprägt, in die zahlreiche Höhlen eingelagert sind. 25 bis 65 Meter hoch liegend, boten sie Mensch und Tier in den Eiszeiten Schutz vor einem Klima, das zeitweise den heutigen Tundrenlandschaften Sibiriens oder Kanadas glich. Einige Lesefunde von Faustkeilen deuten darauf hin, daß vor 200 000 Jahren bereits der Mensch, und zwar der Altmensch oder Praesapiens, diesen Raum durchstreifte. In den Höhlen finden sich menschliche Spuren erst ab der letzten Eiszeit (Würm) vor 80 000 Jahren; sie gehören zum Neandertaler oder Homo sapiens. In der davorliegenden, sehr regenreichen Zwischeneiszeit wurden die Höhlen und eventuelle Kulturhinterlassenschaften regelrecht fortgespült.
Als Jäger und Sammler war der Mensch ohne festen Wohnsitz, mußte den wandernden Tierherden folgen, um sich mit Nahrung, Fellen, Knochen und Sehnen zu versorgen. In den kälteren Perioden zählten Mammut, Ren und Nashorn, in den wärmeren Zeiten Ur, Wildpferd und Wisent zur Beute. In kleineren Familienverbänden – bestehend aus durchschnittlich fünf Personen – lebend, mußten sich zu einer Großwildjagd mehrere Familien zusammenschließen. Gesammelt wurden je nach Jahreszeit Kräuter wie Sauerampfer, Löwenzahn sowie Moosbeere, Sanddorn, Pilze und Wurzeln.
In offener Landschaft boten Zeltlager Schutz vor Kälte und der Nacht. Nur beim Durchziehen von Höhlengebieten bzw. im Winter suchten die Menschen die Höhlen auf, wenn sie ihnen nicht von Tieren streitig gemacht wurden. Höhlenbär, Höhlenhyäne und Höhlenlöwe zogen sich zum Winterschlaf oder zur Aufzucht ihrer Jungen ebenfalls in Höhlen zurück, wie es z. B. aus dem Schulerloch oder der Kastlhänghöhle bekannt ist.
Frostabsprünge von Höhlendecken und Wänden bauten über Jahrtausende Schichten auf, in die sowohl Tierskelette als auch menschliche Hinterlassenschaften (Kulturschichten) eingelagert sind. Die so entstehende Stratigraphie ist eines der wichtigsten

Datierungsmittel der Archäologie, da das unten Liegende stets älter ist als das Darüberliegende.
Grundsätzlich war der Mensch jedoch nie ein Höhlenbewohner. Er arbeitete und lebte nur am Vorplatz bzw. im Eingangsbereich, soweit das Tageslicht reichte. Hier findet man die Schlagstellen, wo aus Feuerstein Werkzeuge und Waffen geschlagen oder Knochengeräte geschnitzt wurden, dahinter folgen die Feuerstellen mit den Essensresten und erst im hinteren Bereich lagen die zum Teil mit Schilf ausgestatteten Schlafplätze.
Bis zum Ende des Mittelpaläolithikums um 40 000 bis 35 000 v. Chr. („Moustérien" nach dem französischen Fundort Le Moustier benannt), bevölkerte der kleine und robuste Neandertaler das Altmühltal. Zu seinen wichtigsten Werkzeugen gehörten das Allzweckgerät Faustkeil, Abschlaggeräte wie der Schaber und die schön gearbeitete, dünne Blattspitze, die man lange dem Neandertaler nicht zugetraut hatte. Jüngere Ausgrabungen erbrachten aber den Beweis eines so frühen Auftretens (z. B. Obernederhöhle, Klausennische), lange vor dem jungpaläolithischen Solutréen Südfrankreichs.
Vor etwa 40 000 bis 35 000 Jahren wurde jedoch der Neandertaler verdrängt, als der heutige Menschentyp, der Homo sapiens sapiens, in Mitteleuropa einwanderte. Er brachte eine entwickeltere Werkzeugtechnik mit, die ihm erlaubte, differenziertere Geräte zu formen. Mit der sogenannten Klingenmethode (durch Abschlagen von schmalen, langen Spänen) konnten z. B. Bohrer und Stichel hergestellt werden, die die Bearbeitung von Knochen und Geweih zu Geschoßspitzen, Harpunen oder Nähnadeln ermöglichten. Neben der Verbesserung aller seiner Lebensbereiche hatte der Homo sapiens sapiens auch die Fähigkeit, seine Umwelt in kleine Kunstwerke umzusetzen. Aus den Klausenhöhlen sind Kalkstein- und Elfenbeinplatten mit Ritzungen von hervorragend stilisierten Wildpferden und einem Mammut erhalten sowie ein Lochstab aus Rengeweih, aus dem der Kopf eines Auerochsens modelliert wurde.
Wenn auch der Grund für diese vor 15 000 Jahren angefertigten Tierbilder unbekannt ist, so scheinen sie die Macht der Natur

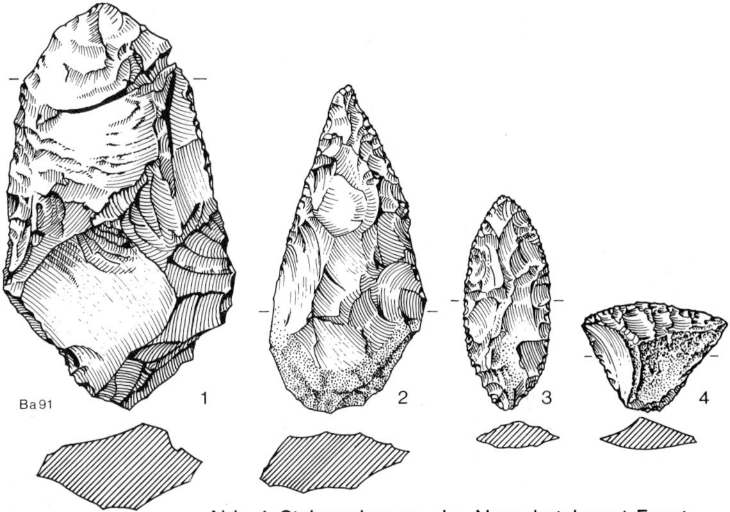

Abb. 4 Steinwerkzeuge des Neandertalers: 1 Faustkeil (Obernederhöhle), 2 Handspitze (Klausennische), 3 Blattspitze (Obernederhöhle), 4 Schaber (Sesselfelsgrotte)

Abb. 5 Steinwerkzeuge und Knochengeräte des Jetzt-Menschen: 1 Retuschierte Klinge (Mittlere Klause), 2 Stichel (Mittlere Klause), 3 Bohrer (Obere Klause), 4 Harpune (Obere Klause), 5 Nähnadel (Klausenhöhle)

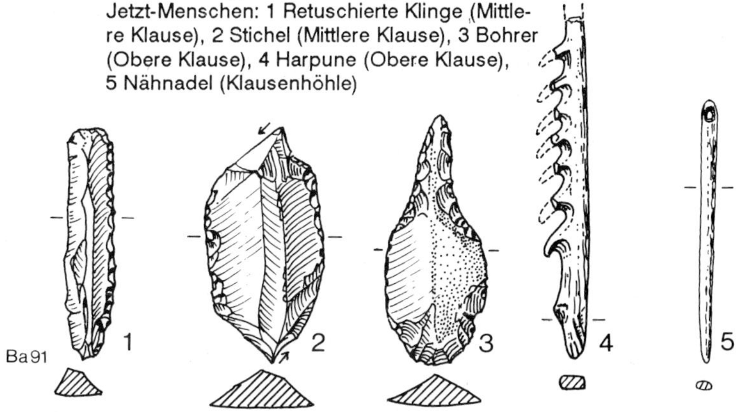

über den Menschen zu verkörpern. Sie gehören in die letzte der drei jungpaläolithischen Kulturstufen, die alle im Altmühltal vertreten sind: das Aurignacien ab 35 000 (Fischleitenhöhle), das Gravettien ab 27 000 (Abri I in Neuessing) und das Magdalénien ab 15 000 v. Chr. (Klausen- und Kastlhänghöhle).
Als sich vor 10 000 Jahren in der sogenannten Nacheiszeit die Pflanzen- und Tierwelt völlig veränderte, stellte sich auch der Mensch darauf ein. Er mied den sich ausbreitenden Wald, suchte bei einem wärmeren Klima die offene Landschaft oder fischreiche Flußufer auf. Im Altmühltal boten die reichlich vorhandenen Abris (Felsschutzdächer), also Felsnischen mit überhängenden Felsdächern, in unmittelbarer Flußnähe die Möglichkeit, mit wenig Aufwand eine Halbhütte an die Felswand anzulehnen (z. B. Siegfriedfelsen). Pfeil und Bogen waren nun nötig, um dem flüchtigen Wild (Rotwild, Elch, Wildschwein, Biber, Dachs) beizukommen. Kleinste Steingeräte, sogenannte Mikrolithen, in Holzschäfte eingesetzt, gehören zu den charakteristischen Werkzeugen bzw. Waffen der mesolithischen Wildbeuter. Diese Menschen der Mittelsteinzeit wurden ab dem 6. Jahrtausend v. Chr. von einwandernden Bauern kulturell überlagert.
Die Höhlen aber wurden in den nachfolgenden Zeiten nur noch gelegentlich aufgesucht, wie in der Jungsteinzeit und der Bronzezeit (Schulerloch, Silberloch), allem Anschein nach zu kultischen Zwecken.

Abb. 6 Mesolithische Feuersteineinsätze (Schellnecker Wänd) mit Rekonstruktion

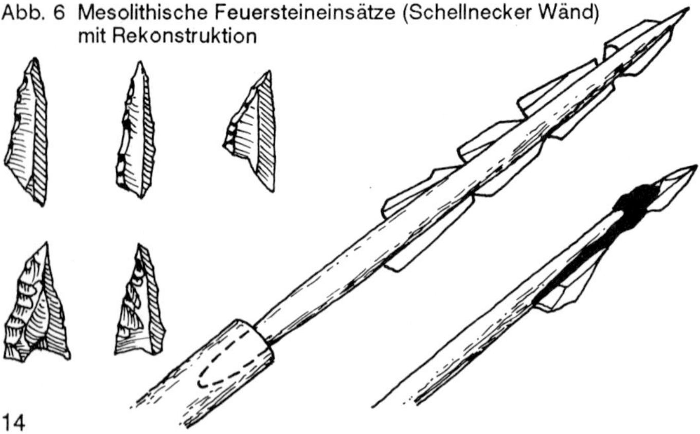

Wallanlagen – frühe Burgen?

Seit der Mensch seßhaft wurde, Weiler und Dörfer baute, hatte er das Bedürfnis nach Schutz. Auf weiten Lößflächen umwehrten im 5. Jahrtausend v. Chr. im hiesigen Raum die ersten Ackerbauern ihre Siedlungen, Gärten und Felder mit einem Zaun oder einer Palisade. Dabei dürfte weniger die Angst vor den Nachbarn oder einer fremden Bevölkerungsgruppe eine Rolle gespielt haben als die Schutzmaßnahmen vor wilden Tieren, die sie um ihre Ernte gebracht hätten. Aber bereits im ausgehenden 4. Jahrtausend v. Chr. gibt es immer mehr Hinweise auf ein echtes Wehrbedürfnis. Die zahlreichen Grabenanlagen, sogenannte Erdwerke, die oft nur einen oder einige Höfe innerhalb einer größeren Ansiedlung umgaben, können wohl im weitesten Sinne als „Burgen der Steinzeit" bezeichnet werden. Sie nehmen sogar am Ende der Steinzeit (Chamer Gruppe 3200 – 2300 v. Chr.) noch zu, in der es mehr befestigte als unbefestigte Siedlungen gab. Auf spornartigen Anhöhen oder Bergkuppen plaziert, unterstreichen sie das zusätzliche Schutzbedürfnis. An der Wende zum 2. vorchristlichen Jahrtausend brach diese Entwicklung, deren Gründe unbekannt sind, ab. Erst 1000 Jahre später begann sich ein zweites „Burgenmaximum" abzuzeichnen.

Von dieser allgemein zu beobachtenden Entwicklung wird das Altmühltal und seine Nebentäler kaum betroffen. Für den jungsteinzeitlichen Ackerbauern boten diese Täler nicht den geeigneten Lebensraum. Es ist nur ein gelegentliches Aufsuchen im Mittel- und Jungneolithikum (ca. 3500 – 3200 v. Chr.) zu beobachten, das sich gegen die Jungsteinzeit und beginnende Bronzezeit verstärkt. Es entstanden nun die ersten größeren Siedlungsareale, z. B. in Beilngries oder Dietfurt, die unten im Tal liegen. Zugleich wurden auch Höhen aufgesucht, wie Lese- und Grabungsfunde erkennen lassen, z. B. auf dem Frauenberg über Weltenburg oder auf dem Michelsberg über Kelheim. Höhensiedlungen werden nun zu allen Zeiten bis ins 10. nachchristliche Jahrhundert angelegt. Bevorzugt wurden Bergvor-

Abb. 7 Rekonstruktion der Torsituation des keltischen Oppidums Alkimoennis bei Kelheim-Unterau

Abb. 8 Insellage des Wolfsberges im Dietfurter Becken (30)

sprünge und langgezogene Bergsporne, die, zwischen zwei Fluß- oder Trockentälern liegend, aus der Hochfläche hervorragen – eine Geländesituation, die im Altmühltal häufig vorkommt. Von zwei Seiten durch Steilhänge bereits natürlich geschützt, bedurfte es nur eines Schutzes gegen das offene Hinterland. Derartige „Abschnittsbefestigungen" können aus einem einfachen Wall, einem besonders hohen Schildwall, aus Doppelwällen oder einer Staffelung von drei Wällen mit jeweils davorliegenden Gräben bestehen.
An besonders leicht zugänglichen Stellen gehen die Abschnittswälle oft in einen Randwall über, der als zusätzlicher Schutz errichtet wurde, wie z. B. auf dem Högelberg bei Holnstein oder dem Arzberg über Weltenburg. Insgesamt ist bei vorgeschichtlichen Anlagen ein stärkeres Anschmiegen an eine Geländesituation zu beobachten.
Auf inselartig liegenden Bergkuppen trifft man häufig auf Ringwälle, die in vorgeschichtlicher Zeit allgemein üblich waren, aber auch in frühgeschichtlicher Zeit auftreten können. Nachdem eine derartige Geländesituation im Altmühltal eher selten vorkommt, treten Ringwälle nur vereinzelt auf, z. B. auf dem Wolfsberg bei Dietfurt, der zwischen der Altmühl und dem Mühlbach eine weite Talregion kontrolliert. Der benachbarte langgestreckte Inselberg zwischen Dietfurt und Beilngries, der Arzberg, weist dagegen nur an seiner schmalsten Stelle einen heute völlig verflachten Wall auf.
Was sich unter einem Wall verbirgt – eine Erde-, Holz/Erde- oder Steinkonstruktion – und wie alt die Anlage ist, das läßt sich nur durch Ausgrabungen erfahren. Wenn auf Wallkronen gelegentlich oberflächliche Steine zu sehen sind, so geben sie lediglich einen Hinweis auf die Konstruktion.
Wissenschaftliche Untersuchungen fanden in mehreren Ausgrabungskampagnen an der Wallanlage des keltischen Oppidums in Kelheim statt. Sorgfältig aufgeschichtete Plattenkalksteine, im Abstand von ein bis zwei Metern von jetzt ausgewitterten Pfosten gehalten, wurden bis zu einer Höhe von fünf Metern hochgezogen. Dieser Mauertyp wird Pfostenschlitzmauer ge-

nannt. Auf einer hinterfüllten, neun Meter breiten Erdrampe verlief der Wehrgang.
Unter dem 12 Meter hohen Wolfgangswall auf dem Frauenberg über Weltenburg steckt, durch Ausgrabungen belegt, eine Mauer, an die ein Turm mit Torgasse anschließt. Sie gehört mit der Kronenmauer auf dem Wall wohl zu den mittelalterlichen Wehrmaßnahmen.
Während die Wallanlage auf dem Michelsberg bei Kelheim eine Fläche von rund 600 Hektar (Spätlatènezeit) umwehrte, jene von Arzberg bei Weltenburg (Urnenfelderzeit?) nur 50 Hektar, sind die mittelalterlichen Anlagen wesentlich kleiner. Nur die Fliehburgen des 10. Jahrhunderts n. Chr. erreichen eine Größe von neun Hektar (Frauenberg) oder acht Hektar (Michelsberg).
Eine wichtige Rolle bei allen Befestigungssystemen spielten die Einlässe und Tore. Eine Art Torgasse entstand bereits, wenn nur ein Wallende vor einem Steilhang eingebogen wurde. Bei dieser Art von Konstruktion („Skäisches Tor von Troja") mußte der Angreifer seine ungeschützte (meist rechte) Seite dem Verteidiger auf dem besetzten Wall zuwenden.
Noch raffinierter waren die von Cäsar beschriebenen Zangentore keltischer Städte. Durch zwei nach innen biegende Wall- bzw. Mauerstücke entstand eine Torgasse, die auf ein Torhaus zuführte, innerhalb der der Ankommende von oben angreifbar war. Solche Zangentore sind am eindrucksvollsten am Oppidum Alkimoennis in Kelheim ausgebildet.
Der Bau von Befestigungsanlagen oder Burgen mußte einen Grund haben, und so stellt sich auch die Frage, warum zwischen dem 8. und 5. Jahrhundert v. Chr. ein weiteres Burgenmaximum auftritt. Die Anfänge dieser Erscheinung sind am Ende der Urnenfelderzeit im gesamten süd- und westdeutschen Raum zu beobachten. War es ein historisches Ereignis oder spielte die Herausbildung einer aristokratischen Gesellschaft in der Hallstattzeit eine Rolle? Der Adel beginnt jedenfalls, sich zu separieren: Burgen werden in Vor- und Hauptburgen (z. B. Wolfsberg) unterteilt, Höhenburgen trennen ihn von den Siedlungen des gemeinen Volkes unten im Tal. Und sogar hier gibt

es eine weitere hierarchische Gliederung. Gerade im unteren Altmühltal fand man eine Reihe von Talsiedlungen mit befestigten „Herrenhöfen“ und den dazugehörigen Nekropolen, in denen Wagengräber Hinweise auf einen Ortsadel geben.
Große keltische Städte, von den Römern „oppida“ genannt, entstanden als wirtschaftliche und politische Zentren einzelner Stämme erst am Ende des 2. Jahrhunderts v. Chr., was mit der Bedrohung durch die Kimbern und Teutonen zusammenhängen dürfte. Nicht unbedeutend scheint die Platzwahl an wichtigen Verkehrswegen und in der Nähe von Erzlagerstätten gewesen zu sein. Ihre Größe erklärt sich dadurch, daß sie Platz bieten mußten für Versammlungen und Märkte, aber auch als Zufluchtsstätten für die umliegende Bevölkerung in Krisenzeiten dienten. Nicht zuletzt hatten sie als Hauptstädte keltischer Stämme nach außen zu repräsentieren. Das Kelheimer Oppidum könnte die Hauptstadt des Stammes der Rucinaten gewesen sein.
Besser zu belegen sind die Gründe für den Burgenbau im beginnenden Mittelalter. Die ständig wiederkehrenden Einfälle der Ungarn in der ersten Hälfte des 10. Jahrhunderts n. Chr. erzeugten ein starkes Sicherheitsbedürfnis – Fliehburgen wurden gebaut. Einen ausgeprägten Sporn abriegelnd, mißt der Wall auf dem Kelheimer Michelsberg noch 5,5 Meter Höhe, der Wolfgangswall auf dem Frauenberg 12 Meter. Von letzterem ist sogar bekannt, daß Bischof Wolfgang von Regensburg während seiner Amtszeit 972 bis 994 Befestigungsmaßnahmen durchführen ließ – und das über 20 Jahre nach dem Sieg König Ottos I. über die Ungarn auf dem Lechfeld.

Grabhügel – Totenmonumente

Mit dem einsetzenden Geschichtsinteresse am Ende des 18. Jahrhunderts gründete Ignatz Pickel, Kanonikus und Professor der Mathematik am Akademischen Lyzeum zu Eichstätt, eine kleine Schule für Grabhügelforschung. Zu seinen Schülern zählte auch Friedrich Anton Mayer, später Pfarrer in Gelbelsee bei Kipfenberg und ab 1829 Stadtpfarrer in Eichstätt, der den Altertümern seiner Umgebung große Aufmerksamkeit schenkte. Die Ergebnisse seiner Ausgrabungen veröffentlichte er u. a. 1825 in den „Abhandlungen über einige altteutsche Grabhügel im Fürstenthume Eichstätt", wobei er die in fast allen Grabhügeln reichlich vorhandenen Geschirrscherben und Kohlereste so interpretierte:

„Unsere Ahnen veranstalteten, wenn sie einen ihrer Brüder in den Verwesungshügel legten, einen ergiebigen Schmaus, den sie Dadsissa, das ist Todtenessen, nannten. Dieser Gebrauch hatte unter ihnen so tiefe Wurzeln geschlagen, daß sie auch nach dem Übertritte zum Christenthume nicht davon ablassen wollten ... Wenn sich also die bey Leichenschmäusen anwesenden Teutschen durch Essen und Trinken beynahe ihres Bewußtseins beraubt hatten, warfen sie, was sie nicht aufzehren konnten, samt Schüsseln, Tellern und Pokalen dem seligen Bruder, der vor ihnen lag, bevor er mit Steinen bedeckt wurde, und während er mit Steinen bedeckt wurde, nach".

Mayer erkannte nicht, und das mag auch an der unsystematischen Grabungstechnik gelegen haben, daß es sich bei den Geschirrscherben um Gefäßbeigaben handelte, die durch die Erdmassen der eingestürzten Grabkammer erdrückt worden waren.

Die Toten zu bestatten, ihnen Beigaben ins Grab zu legen, ist aber eine Sitte, die schon der Neandertaler kannte. Dennoch gab es immer wieder Zeitperioden (z. B. im Jung- und Endneolithikum, in der Spätlatènezeit), in der Gräber vollkommen fehlen. Wenn man den Toten nicht ein auffälliges Totenmonument, wie einen Grabhügel, setzte, ihnen keine Beigaben mit-

gab, sondern nur ein Häufchen Asche der Erde oder den Flüssen anvertraute, vielleicht sogar die Toten in die Bäume hängte und den Aasgeiern aussetzte, dann entzieht sich eine Bestattung archäologischen Beobachtungen.
Der Grabhügel trat vereinzelt schon am Ende des Neolithikums, um 2500 v. Chr., auf. Im Altmühltal fand man bei Dietfurt einige Gräber der sogenannten Glockenbecherleute, unter denen eines eine Hügelaufschüttung gehabt haben dürfte. Vielleicht wollte man die Gräber deutlich in der Landschaft kennzeichnen, bevor man weiterzog – ein Brauch, der sich noch heute bei nomadisierenden Bevölkerungsgruppen findet.
Die aus dem Südosten kommende Sitte des Hügelgrabes wurde dagegen ab etwa 1600 v. Chr. für einige Jahrhunderte bestimmend. Man nennt diese in ganz Mitteleuropa verbreitete Epoche Hügelgräberkultur oder Hügelgräber-Bronzezeit. Möglicherweise steckte dahinter die Vorstellung, man könne die sakralen Kräfte der Erde anhäufen, um so den Toten vor den Weltläufen zu behüten und ihn für ewig zu bewahren, ähnlich den Pharaonen in den ägyptischen Pyramiden.
Unterbrochen wurde diese Bestattungsform ab 1200 v. Chr. von der Sitte, die Toten zu verbrennen und in Urnen beizusetzen. Groß angelegte Urnenfelder sind in dieser Zeit von Ostfrankreich bis in den Karpatenraum zu beobachten. Erst um 750 v. Chr., in der Hallstatt- oder beginnenden Eisenzeit, setzte sich wiederum das Hügelgrab als Totenmonument durch.
Danach finden sich Grabhügel gelegentlich bei den Römern (z. B. Pfünz) oder als letztes heidnisches Relikt in einigen Adelsnekropolen der Bajuwaren ab dem 7. Jahrhundert n. Chr. (Regensburg, Kelheim).
Die meisten Grabhügel finden sich heute in den Wäldern entlang von Flußläufen wie der Altmühl mit ihren Nebenflüssen. Sie liegen in der Mehrzahl am Rande der Hochfläche, auf sanft geneigtem Hang kurz vor dem Steilabfall, jedoch nie auf dem höchsten Geländepunkt. Geologisch betrachtet handelt es sich dabei meist um die Grenze vom Weißjura zur lehmigen Albüberdeckung, die identisch ist mit der Waldgrenze. In den Wäldern

konnten sie, geschützt vor dem Pflug, die Jahrtausende überdauern. Die Luftbildarchäologie zeigt aber deutlich, daß sie auch in landwirtschaftlich genutztem Gelände, heute längst eingeebnet, vorkamen.
Einzelhügel treten verhältnismäßig selten auf, meist sind es Ansammlungen von 10 bis 40 Grabhügel, seltener die Gruppe um 50 (z. B. drei Gräberfelder um Paulushofen, Buchberg im Hienheimer Forst) oder um 100 (Holzharlanden, Deising-Martlhof, Dürn-Hohenbügl).
Über die Zeitstellung eines Grabhügels kann ohne Ausgrabung keine Aussage gemacht werden. Zwar gibt es von im vorigen Jahrhundert geplünderten Hügelgräbern Fundstücke in den Museen, doch meist ohne genaue Fundbeobachtung (welche Schicht) und oft mit falschen Fundortangaben der Sammler, die 'ihre' Fundstelle geheimhalten wollten. In den letzten Jahrzehnten waren Ausgrabungen im unteren Altmühltal im Zuge des künftigen Main-Donau-Kanals notwendig geworden, die gestatten, einen ersten Eindruck über Grabsitten zu gewinnen.
Demnach sind die Hügelgräber der Bronzezeit unterschiedlich groß, schwanken zwischen vier und 18 Meter im Durchmesser, wobei die meisten unter 10 Meter messen. Oft treten aneinandergebaute Hügel auf (Altessing, Riedenburg), die an eine enge menschliche Bindung familiärer oder sozialer Art denken lassen, die über den Tod hinaus Bestand haben sollte. Häufig waren die Hügel durch einen Steinkranz oder eine sorgfältig gesetzte Steinmauer begrenzt, die Innenfläche gelegentlich bis zum Rand hin mit einem Steinpflaster ausgelegt, auf dem ein Skelett oder Leichenbrand liegen konnte.
Völlig rätselhaft sind zur Zeit noch die Befunde von zwei ca. 10 Meter großen Grabhügeln bei Riedenburg. Eine schöne Mauerfront aus ausgesuchten, zentnerschweren Steinen war noch 1,4 Meter hoch erhalten. In beiden Hügeln befand sich jedoch keine Bestattung. Handelt es sich hier um sogenannte Kenotaphe, und für wen waren sie bestimmt?
Waren vor Jahren im Tal der Altmühl nur wenige Gräber oder Grabfelder bekannt, so stellte sich durch die Kanalarchäologie

Abb. 9 Rekonstruktion eines hallstattzeitlichen Wagengrabes

Abb. 10 Aufgedeckte Grabkammer eines Hügels mit Körperbestattung, Untereggersberg (Hallstattzeit)

heraus, daß sich im unteren Altmühltal von Kelheim bis Beilngries sowohl Nekropolen als auch Siedlungen der Hallstattzeit aneinander reihen wie Perlen an einer Schnur.
Die meisten Hügel haben einen Durchmesser von neun bis 12 Metern, wobei in jedem Friedhof noch größere Bauten vorkommen, z. B. in Untereggersberg mit 18, 22 und 26 Metern, in Dürn-Hohenbügel 31 Hügel mit 25 Metern, im Leberl bei Staufersbuch wurden sogar 35 Meter gemessen.
Legte man den Toten in der Bronzezeit auf ein Steinpodium oder in eine kleine Stein- oder Holzkammer, so waren in der Hallstattzeit geräumige Grabkammern von zwei mal zwei bis vier mal vier Metern, je nach sozialem Stand, gebräuchlich. Sie konnten aus Holz gezimmert sein oder aus einer massiven Steinpackung mit ausgesparter Grabkammer bestehen, über die, nachdem sie mit Balken verschlossen war, der Hügel angeschüttet wurde. Senkrecht stehende Kalkplatten oder Steine säumten den Hügelfuß.
Angelegt wurde ein Grabhügel für eine Person, Mann oder Frau, in der das Familienoberhaupt angenommen werden darf. Beigegeben wurden bis zu 20 Gefäße, die Speisen und Getränke enthielten. Um einen Hügel herum und zwischen den aneinandergebauten Hügeln lagen eine Reihe von Körper- und Brandbestattungen, durch senkrecht gestellte Steinplatten oberirdisch sichtbar gemacht, vermutlich die Gräber der Familienmitglieder oder sozial niedriger stehender Personen.
Gräber mit besonderen Beigaben wie Schwert, Pferdegeschirr und Wagenräder sind im Exkursionsraum bislang bekannt aus Dietfurt, Deising, Riedenburg-Haidhof und Untereggersberg. Wohlhabende und Angehörige des Ortsadels ließen sich mit einem zwei- oder vierrädrigen Wagen und dem Pferdegeschirr beisetzen. Dahinter stand vermutlich die Vorstellung, daß der Bestattete auf seinem Wagen in das Reich der Toten fuhr wie zu Lebzeiten auf ein Fest.

Heilige Plätze

Zu allen Zeiten gab es heilige Plätze, Stellen, die durch eine besondere Eigenschaft hervortraten aus der realen Alltäglichkeit. Das waren in der Altsteinzeit Höhlen, bei den jungsteinzeitlichen Ackerbauern befestigte Kultanlagen (Rondelle), aber auch Bäume, Berghöhen, markante Felsen, Felsklüfte, Höhlenschächte, Moore oder Gewässer konnten zu heiligen Bezirken und Kultplätzen erklärt werden. Über Jahrhunderte wurden wertvolle Gegenstände, Tiere, Getränke und Speisen mit den zugehörigen Gefäßen an solchen Stellen zum Opfer gebracht. Die Heiligkeit des Ortes verbot es, die Überreste des Gemeinschaftsopfers zu beseitigen. Das Auftreten an sehr unterschiedlichen Plätzen läßt eine Vielfalt von Göttern vermuten. Wenn auch unbekannt ist, wem im einzelnen diese Opfer galten, so scheint man doch auf den Höhen den Berggöttern einen Schritt näher gewesen zu sein, während Gewässer, Felsspalten und Höhlenschächte als Zugang zur Unterwelt, zu den Totengeistern gegolten haben dürften.
Der Exkursionsraum entlang der Altmühl liegt im Überschneidungsbereich zweier völlig verschiedener Sakralprovinzen. Im Süden bis in die Alpenregion sind die sogenannten Brandopferplätze und Aschenaltäre verbreitet, an denen verbrannte Tierknochen und zertrümmerte Gefäße eine große Rolle spielen. An die Schwäbisch-Fränkische Alb gebunden sind dagegen die Schachthöhlen und Felsspalten, in denen neben Tier- und Sachopfern vor allem das Menschenopfer von Bedeutung ist. Erste anthropologische Untersuchungen geben einen Hinweis, daß es sich dabei vornehmlich um Kranke und solche Menschen handelte, die der Gemeinschaft zur Last gefallen wären.
Ein Brandopferplatz liegt an den Schellnecker Wänd vor, wo unterhalb der steilaufsteigenden Felswände ein dicht gedrängtes Scherbenpflaster von urnenfelderzeitlichen Gefäßen, durchsetzt mit Knochen, verkohlter Erde und Bronzen, beobachtet wurde. In Sichtweite, unterhalb des Maifelsens bei Essing, kamen ebenfalls Tongefäßscherben zutage, jedoch in lockerer

Streuung. Sie reichen von der Bronzezeit bis in die Urnenfelderzeit und belegen damit ein Aufsuchen dieses Platzes über 1000 Jahre.
Menschliche Überreste wurden im Silberloch bei Neuessing gefunden. Das Silberloch gehört zum Typ der Schachthöhlen, in deren Innenraum eine Spalte in die Tiefe abbricht und damit einen Zugang zur Unterwelt darstellt. Die Forschung glaubt sogar gewisse Verbindungen von den natürlichen Felsspalten und Höhlenschächten hin zu den künstlichen Opfergruben und Opferschächten in den keltischen Kultanlagen – den sogenannten Viereckschanzen – herstellen zu können.
Wie schon der Name verrät, zeichnen sich die Viereckschanzen durch ihre stets viereckige Grundform aus, die quadratisch, rechteckig, trapezförmig oder rhombisch gestaltet sein kann. Form und Größe erinnern dabei an römische Legions- oder Marschlager, weshalb sie im Volksmund lange Zeit als „Römerschanzen" bezeichnet wurden.
Umgeben wird das viereckige Areal mit Ausmaßen von 80 bis 90 Metern mal 90 bis 120 Metern von einem Wall, dem ein Spitzgraben vorgelagert ist. Eines der kennzeichnendsten Merkmale sind die überhöhten Wallecken, wie sie nie an römischen Kastellen vorkommen, entstanden durch den Grabenaushub von zwei Seiten.
Eine der vier Wallseiten weist eine Toröffnung auf. Da der Graben davor durchläuft, kann man eine Art Brücke annehmen. Die Tore treten gehäuft im Osten, aber auch im Süden und Westen auf, sind jedoch nie nach Norden gerichtet.
Aufgrund verschiedener Ausgrabungen weiß man heute, daß es sich um spätkeltische Kultplätze handelt, meist ziemlich abgeschieden von zivilisatorischen Stätten, doch immer im Bezug zum Wasser, zu einer Quelle oder einem Flüßchen. Aufgefundene Schächte mit Opfergaben und Tempelanlagen lassen an Opferszenen denken, wie sie Cäsar schildert:
„Alle gallischen Stämme sind sehr religiös, und aus diesem Grunde opfern die, die von schwerer Krankheit befallen sind oder sich in Krieg und Gefahr befinden, Menschen anstelle von

Opfertieren oder geloben solche Opfer. Die Druiden führen diese Opfer durch...“

Mit in den kultischen Bereich scheint noch eine astronomische Komponente zu gehören. Die Tore, die sich nie nach Norden öffnen, liegen nur innerhalb jener Winkel, die die Sonne zwischen ihrem Auf- und Untergang zur Zeit der Sonnenwende in den hiesigen Breitengraden durchläuft. Ein Zusammenhang mit dem Lauf der Sonne ist unverkennbar. Es dürfte sich hier um einen uralten Glauben handeln, wonach die Sonne einen Kreislauf beschreibt, der durch die Unterwelt führt. Die in den Schächten deponierten Gaben sind wahrscheinlich an einen Empfänger in der Unterwelt gerichtet.

Abb. 11 Rekonstruktion einer keltischen Viereckschanze

Burgställe – mittelalterliche Burgen

Als „Burgställe" bezeichnen die Archäologen jene Stellen, an denen einst ein Burg stand, unabhängig von ihrer Größe, Bauart und Funktion. Aber auch die „Burg" bedarf einer Definition. Als befestigter Sitz des hohen oder niederen Adels sind es jene mittelalterlichen Anlagen, die einem Wohn- und einem Wehrzweck dienten, im Gegensatz zum späteren Schloß, das nur zum Wohnen bestimmt war.

In einer Zeit, in der noch der Nahkampf entscheidend war über Sieg oder Niederlage, wurden diese Burgen an Stellen gebaut, die vom Gelände her die Annäherung eines Feindes erschwerten, sogenannte Höhenburgen. Im ebenen Gelände mußten andere Abwehrmaßnahmen getroffen werden: Man errichtete auf einem künstlichen Hügel die sogenannten Turmhügelburgen mit umlaufenden Gräben oder man füllte einen der Gräben mit Wasser, baute die Befestigungen zu Wasserburgen aus. Im Laufe der Jahrhunderte wurden diese Ansitze im flachen Land größtenteils eingeebnet, gelegentlich sind sie noch in alten Flurkarten des 19. Jahrhunderts eingezeichnet. Zu den wenigen noch erhaltenen bzw. überlieferten Wasserburgen im Exkursionsgebiet zählen Grögling, Neuenhinzenhausen und die ehemalige Burg Kelheim.

Im unteren Altmühltal wurden wie in anderen bergigen Landschaften die Bergsporne ausgenützt. Durch den Steilabfall waren zumindest zwei Seiten natürlich geschützt, es mußte nur die der Hochfläche zugewandte Seite besonders abwehrend gestaltet werden. Meist trennte ein tief in den Felsen eingehauener Halsgraben die Höhenburg vom dahinterliegenden Bergrücken ab. Wie schon bei vorgeschichtlichen Befestigungsanlagen wurde der heraufführende Weg so gelegt, daß der Angreifer seine rechte, vom Schild ungedeckte Seite der Burg zuwenden mußte. Führte der Weg aber auf der Hochfläche direkt auf das Haupttor zu, so erschwerten ein oder mehrere Abschnittsgräben den direkten Angriff. Nur über Zugbrücken oder Erd-

dämme gelangte man zum Tor, das in eine Ringmauer eingebunden war.
Zu den einfachsten Burganlagen gehörte die Turmburg, die nur aus einem Mauerring und einen Wohnturm mit Wehrcharakter bestand. Daraus entwickelten sich, wohl im 12. Jahrhundert, jene größeren Anlagen, die innerhalb der Mauern sowohl einen Wehrbau – den Bergfried – als auch einen reinen Wohnbau – den Palas – sowie Wirtschaftsgebäude besaßen und mit einer Vorburg ausgestattet waren. In einigen Burgruinen, wie z. B. Eggersberg, Rabenstein und Tachenstein in Riedenburg, aber auch auf der Ödenburg bei Hainsberg, ist diese Situation noch gut rekonstruierbar; eindrucksvoll erhalten hat sie sich dagegen auf der Burg Randeck sowie in Schloß Prunn.
Entstanden in der Zeit der seit dem 11. Jahrhundert verstärkt vorangetriebenen Herrschaftskonsolidierung weltlicher und kirchlicher Großer, waren die vielen Kleinburgen im Altmühltal Sitz von Ministerialen und Edelleuten, die mit der militärischen Organisation und mit Verwaltungsaufgaben beauftragt waren. Nur einige unter ihnen waren Adelsburgen, wie z. B. die durch den Minnesänger bekannte Burg von Riedenburg oder jene der Grafen von Hirschberg, die im politischen Leben des 12. und 13. Jahrhunderts eine wichtige Rolle spielten.

Abb. 12 Rekonstruktion eines „Burgstalls" über dem Altmühltal

Zeittabelle zur Vor- und Frühgeschichte

Altsteinzeit (Paläolithikum)	80 000 v. Chr.	Mittelpaläolithikum:	Micoquien
			Moustérien
			Präsolutréen
	35 000 v. Chr.	Jungpaläolithikum:	Aurignacien
			Gravettien
			Magdalénien
Mittelsteinzeit (Mesolithikum)	8 000 v. Chr.		
Jungsteinzeit (Neolithikum)	5 500 v. Chr.	Frühneolithikum:	Linienbandkeramik
			Stichbandkeramik
			Oberlauterbach
			Rössen
	4 500 v. Chr.	Mittelneolithikum:	Münchshöfen
	3 800 v. Chr.	Jungneolithikum:	Altheim
	3 200 v. Chr.	Endneolithikum:	Cham
			Schnurkeramik
			Glockenbecher
Bronzezeit	2 300 v. Chr.	Frühe Bronzezeit:	Straubing
	1 600 v. Chr.	Mittlere Bronzezeit:	Hügelgräber
	1 200 v. Chr.	Späte Bronzezeit:	Urnenfelder
Eisenzeit	750 v. Chr.	Frühe Eisenzeit:	Hallstatt
(Kelten)	450 v. Chr.	Späte Eisenzeit:	Frühlatène
			Mittellatène
			Spätlatène
Römische Kaiserzeit	15 v. Chr.		
Frühes Mittelalter	480 n. Chr.	Merowingerzeit	Bajuwaren
	700 n. Chr.	Karolingerzeit	
	900 n. Chr.	Ottonen und Salier	

Archäologische Wanderziele

1 ARCHÄOLOGISCHES MUSEUM DER STADT KELHEIM

Am Rande der Altstadt in der Lederergasse 11 mit wenigen Parkmöglichkeiten, aber nur drei Minuten vom Großparkplatz „Wöhrdplatz" entfernt.
Öffnungszeiten: 1. April – 31. Oktober Dienstag bis Sonntag von 10 bis 16 Uhr, sonst nach Vereinbarung. Tel. 09441/701273 oder 701274.

Zur Befreiungshalle und zum Donaudurchbruch kam 1981 in Kelheim eine weitere Attraktion: das „Archäologische Museum der Stadt Kelheim" im spätgotischen Herzogkasten. 1908 vom Historischen Verein von Kelheim gegründet, lag der Schwerpunkt des Museums von Anfang an im Bereich der Archäologie, also jener Wissenschaft, die sich mit der im Boden verborgenen Hinterlassenschaft früherer Menschen beschäftigt. Umfangreiche Ausgrabungen vor dem Bau des Main-Donau-Kanals im Stadtbereich und im Altmühltal ab 1976 vermehrten den archäologischen Bestand um ein Vielfaches.
Nach der Renovierung des ehemaligen Getreidespeichers, in dem zuletzt das Donau-Gymnasium untergebracht war, stehen für die Schausammlung im Moment zwei von drei Stockwerken mit rund 1400 Quadratmetern Ausstellungsfläche zur Verfügung.
Das Erdgeschoß ist ganz der Vor- und Frühgeschichte im Kelheimer Raum gewidmet. Angefangen von den Höhlen des Neandertalers vor 80 000 Jahren wird hier die kulturelle Entwicklung des Menschen von den ersten Ackerbauern über die Erbauung der keltischen Stadt Alkimoennis und die Stammesbildung der Bajuwaren bis hin zur Vorgängerstadt von Kelheim (bis 10. Jh. n. Chr.) dargestellt. Ungewöhnliche Bodenvitrinen heben die spätgotische Architektur des Herzogkastens hervor und ermöglichen es, die archäologischen Bodenfunde in ihrem Fundzusammenhang zu präsentieren. Für die so entstandene lebendige Darstellung von Vor- und Frühgeschichte wurde das

Kelheimer Museum 1983 in Mailand bei der Verleihung des Europäischen Museumspreises besonders hervorgehoben.
Im 1. Stock schließt seit 1990 die Stadtgeschichte Kelheims an, die mit der Burg Kelheim beginnt, deren Anfänge bis in die Zeit um 1000 zurückreichen. Die wittelsbachische Stadtgründung des 13. Jahrhunderts in das Hochwassergebiet von Altmühl und Donau hinein bestimmte die Stadt und das Leben ihrer Bewohner. Fischer und Schiffer werden bereits um 1300 genannt. Im 14./15. Jahrhundert dürfte hier eine große Schiffsbauerei bestanden haben, da der Name der Stadt auf einen bestimmten Schiffstyp, den Kelheimer, übertragen wurde.
Die stadtgeschichtliche Abteilung, die unter dem Thema „Kelheim – Stadt am Fluß" steht, zeigt außerdem, wo und wovon die Kelheimer lebten, welche Handwerke sie ausübten und was man bis ins 19. Jahrhundert exportierte.
Seit 1985 stehen für Schulklassen auch schulspezifische museumspädagogische Blätter von der Steinzeit bis zu den Bajuwaren zur Verfügung; für Kinder liegt ein Kinderführer, für Wanderer eine Broschüre zum Archäologischen Wanderpfad auf, der im Museumshof auch auf einer Tafel studiert werden kann.

Sehenswürdigkeiten: Die Geschichte der Stadt Kelheim läßt sich in einem Rundgang durch die Altstadt auch erwandern. Am heutigen Landratsamt (ehemalige Wasserburg Kelheim mit Resten des Bergfrieds aus dem 12. Jh., im 15. Jh. durch das Schloß ersetzt) beginnend, führt der Weg hinter dem Donautor (14. Jh.) rechts zum Alten Markt mit der Ottokapelle (Stelle des Mordes an Ludwig dem Kelheimer 1231 am damaligen südlichen Stadttor). Am Weißen Brauhaus (1607/08 als eines der ersten kurfürstlichen Weißbier-Brauhäuser erbaut) vorbei gelangt man zur Stadtpfarrkirche Maria Himmelfahrt (2. Hälfte 15. Jh., im 19. Jh. Turm nach Westen versetzt) am Ende des ehemaligen Marktplatzes. Das im Straßenkreuz 1548 erbaute Rathaus wurde 1824 abgerissen und in die ehemalige Stadtschreiberei (heute Altes Rathaus von 1700) verlegt, zu dem 1879 das danebenstehende alte Bürgerhaus (Neues Rathaus) kam.
Außerhalb der Stadtmauern: Schleiferturm (Bastion aus dem 15. Jh.), Hafen des Ludwig-Main-Donau-Kanals (1846 eröffnet), Michaelskirche (12. Jh., mit Wandmalereien des 14. Jh.), Franziskanerkirche (Ende 15. Jh.; beide nicht zugänglich), Fischerdörfl, Klösterl in Richtung Donaudurchbruch (ehemalige Einsiedelei und Fel-

Abb. 13 Erdgeschoß des Archäologischen Museums Kelheim im spätgotischen Herzogkasten (1)

Abb. 14 Keltische Weinkanne aus Kelheim, 1. Jh. v. Chr.

Abb. 15 Keltischer Bronzebeschlag mit Pferdchen aus Kelheim, 3.-2. Jh. v. Chr.

senkirche des 15. Jh.), Befreiungshalle König Ludwigs I. (1863 zum 50. Jahrestag des Sieges aller deutschen Stämme über Napoleon eröffnet).

2 OPPIDUM ALKIMOENNIS BEI KELHEIM

An der Schiffsanlegestelle Donau in Kelheim parken (P). Von hier am sogenannten Römerturm vorbei über den Ludwigskanal dem Hinweisschild „Fußweg zur Befreiungshalle" folgen. Auf der Höhe angelangt, führt das Kennzeichen des Archäologischen Wanderpfads (Ammonit und Gefäß) durch das Oppidum. Nach Weltenburg kann man im Sommer mit dem Kahn bzw. mit der einen Kilometer entfernten Fähre bis etwa 17 Uhr übersetzen, von wo aus die Möglichkeit besteht, mit dem Schiff durch den Donaudurchbruch nach Kelheim zurückzufahren. Von November bis April ist die Schifffahrt eingestellt. Die Wanderung durch das Oppidum entspricht dem ersten Teil des „Archäologischen Wanderpfads" (AW).

In dem Dreieck zwischen Donau und Altmühl westlich der Altstadt von Kelheim erbauten die Kelten etwa 120 v. Chr. eine große Stadt, die sie Alkimoennis nannten. Diesen Namen, der soviel wie „an der Altmühl = Alcmona liegend" bedeutet, hat uns Ptolemäus in seinen Wegebeschreibungen aus dem 2. Jahrhundert n. Chr. überliefert. Gesichert war das 600 Hektar umfassende Oppidum, wie Cäsar eine keltische Stadt nannte, durch eine Stadtmauer vom Typ „Pfostenschlitzmauer", von deren Mächtigkeit noch heute die den Versturz beinhaltenden Wälle zeugen.
Die eigentliche Siedlung dieser riesenhaften Stadt lag im Mitterfeld unterhalb der Befreiungshalle. Zahlreiche Lesefunde und Ausgrabungen deuten darauf hin, daß sich hier ein Handwerkerviertel befand mit Eisen- und Bronzeverarbeitung, aber auch eine Prägestätte für Goldmünzen. Die Häuser einer Oberschicht (Adelsschicht) dürften am erhöhten Hang gelegen haben.
Über dem Mitterfeld thront heute die Befreiungshalle. Bei ihrem Bau 1842 wurde ein Wall mit Zangentor zerstört. Möglicherweise befand sich hier das kultische und politische Zentrum, denn wer hier saß, kontrollierte das Altmühl- und das Donautal.

Am Rande der unbewaldeten Hochfläche hinter dem Verwalterhäuschen, noch vor dem Parkplatz, stoßen wir auf den nächsten Wall. Hier befindet sich die erste Schautafel des Archäologischen Wanderpfads, der nun das Oppidum durchzieht. Der 200 Meter lange Wall riegelt das 700 Meter lange Spornplateau vom Hinterland ab. Vom ganzen Erscheinungsbild her handelt es sich um keinen keltischen Wall, sondern um eine frühmittelalterliche Anlage aus der Zeit der Ungarneinfälle im 10. Jahrhundert.

Dem Archäologischen Wanderpfad folgend, stößt man nach 150 Metern auf den nächsten Wall, die ehemalige mittlere keltische Stadtmauer. Der 930 Meter lange Wall beginnt am Steilabfall zur Donau und zieht in leichtem Bogen über den Michelsberg bis zu den Felsklippen am Altmühlhang. Unterhalb von diesem setzt er sich fort und reichte einst bis an den Altmühlwall heran. Dieser untere Bereich ist durch den Bau der Schleuse Gronsdorf völlig verschwunden. Nur an zwei Stellen (Hienheimer Straße und unten im Tal) konnte die Stadt betreten werden.

Bereits 200 Meter hinter dem Keltenwall beginnen linker Hand die ersten Grablöcher eines umfangreichen Eisenerz-Schürffeldes, deren Zahl auf beiden Seiten des Weges zunimmt. Nach weiteren 300 Meter erreicht man die dritte Schautafel, die sich der Eisenerzgewinnung auf dem Michelsberg widmet. Große Teile der Hochfläche des Michelsberges weisen sehr unterschiedliche Bodenverformungen auf: unregelmäßige Mulden von 15 bis 30 Metern Weite (Spuren des keltischen Tagebaus), Trichtergruben (Reste des frühmittelalterlichen Schachtabbaus) und flachbodige runde Gruben mit Aushub-Wallring (Kohlenmeiler).

Aber auch Spuren einer keltischen Eisenverhüttung fand man auf dem Michelsberg. Die Rekonstruktion eines Eisenverhüttungsofens befindet sich im Museum Kelheim.

Weiter auf dem Archäologischen Wanderpfad sind beiderseits des Weges die riesigen Schürffelder mit ihren unterschiedlichen Vertiefungen zu erkennen. Ab einer deutlich sichtbaren Wegespinne führt fast jeder Weg zum äußeren Keltenwall. Um abzu-

kürzen, geht man am besten geradeaus oder nimmt den zweiten Weg von rechts. Der Wall ist über drei Kilometer lang. An drei Stellen konnte man bei dieser Wallanlage in das Oppidum gelangen. Eine Toranlage befand sich unten am Steilhang des Altmühltals, zwei waren auf der Hochfläche, wovon ein sehr schönes, eindrucksvolles Zangentor auf dem Archäologischen Wanderpfad liegt. Auf einer Schautafel wird dieses für keltische Städte so typische Tor erklärt. Von zwei umbiegenden Wallenden flankiert, entstand eine Torgasse, an deren Ende man sich das Torhaus vorzustellen hat.
Dem äußeren Keltenwall, der nach Süden hin immer mehr abflacht, folgend, gelangt man an das Hochufer der Donau, von wo aus man einen schönen Blick auf das Kloster Weltenburg und den Frauenberg hat. Um zur Donau hinunter zu steigen, muß man den Wall etwa 100 Meter zurückgehen.

3 ARCHÄOLOGISCHER WANDERPFAD

Im Garten des Archäologischen Museums der Stadt Kelheim steht eine Übersichtstafel mit der Wanderroute. Von hier aus geht man durch das Mittertor in Richtung Befreiungshalle, vorbei am Hafenbecken des alten Ludwig-Donau-Main-Kanals. Kurz danach biegt nach links der Fußweg zur Befreiungshalle ab. Vor dem Hotel Seitz beginnt der Anstieg. Von hier ab ist der ca. 19 Kilometer lange Wanderpfad (AW) mit dem Emblem des Naturparks Altmühltal – einem Ammoniten – und einem Gefäß die gesamte Strecke gekennzeichnet.

An keiner anderen Stelle Deutschlands häufen sich noch sichtbare archäologische Bodendenkmäler mehr als in dem Raum um Kelheim und Weltenburg. Daher lag es nahe, hier einen Archäologischen Wanderpfad einzurichten. Der ca. 19 Kilometer lange Lehrpfad ist in zwei Etappen aufgeteilt, zu denen bislang nur ein Führer für die erste Etappe erschienen ist (im Museum Kelheim und am Kiosk der Befreiungshalle erhältlich).

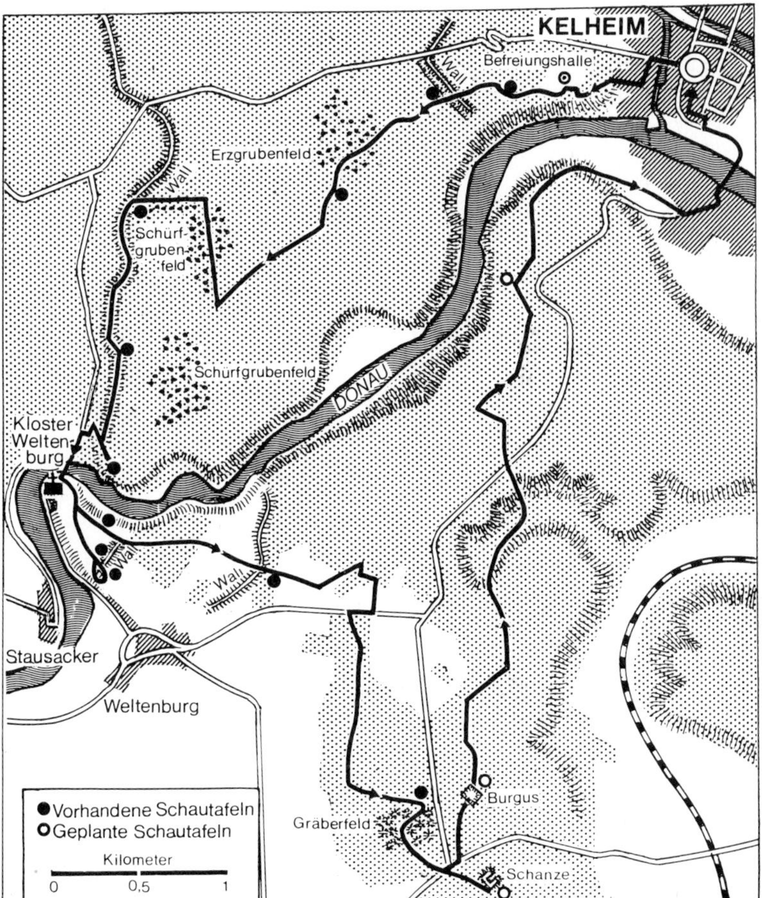

Abb. 16 Route des Archäologischen Wanderpfades bei Kelheim (3)

NATURPARK ALTMÜHLTAL

Die erste, etwa fünf Kilometer lange Etappe führt durch das keltische Oppidum Alkimoennis (2) von Kelheim über die Befreiungshalle nach Weltenburg.
Die zweite, 14 Kilometer lange Strecke beginnt in Weltenburg und endet in Kelheim. Rechts neben der Weltenburger Klosterkirche führt der Weg auf den Frauenberg, dem eine eigene Beschreibung (4) gewidmet ist. Er reicht nur bis zu dem ersten Wall, dem Wolfgangswall, dahinter beginnt der Arzberg. Der gekennzeichnete Wanderweg führt links vom Wolfgangswall am Steilhang zur Donau durch einen schattigen Wald. Nach 200 Metern stößt man auf einen unscheinbaren Wallriegel, nach weiteren 200 Metern auf einen Zwischenwall, der bis an den Donausteilhang reicht. Beide Wälle sind durch ein ausgedehntes Schürfgrubenfeld beeinträchtigt.
1400 Meter von der Spornspitze entfernt riegelt den ganzen Komplex ein weiterer, kräftig ausgebildeter Ringwall ab. Er hat insgesamt eine Länge von 1,4 Kilometern; im Norden am Donausteilabfall beginnend, beim Hof Arzberg den flachen Bergrücken querend, zieht er am südlichen Hang an einer natürlichen Hangkante entlang, wo er in seinem letzten Teil sehr undeutlich wird.
Zwischen dem Wolfgangswall und diesem äußeren Wall ist keine Besiedlung nachgewiesen. Stattdessen fand man hier ein Schürfgrubenfeld von mindestens 800 Metern Länge und 150 Metern Breite. Weder die Wallanlagen noch die Schürfgruben sind datiert.
Auch ein umfangreiches Grabhügelfeld mit etwa 30 Grabhügeln befand sich zwischen dem östlichen Zwischenwall und dem äußersten Ringwall. Sie sind heute eingeebnet oder verflacht. Auf einem von ihnen steht eine Schautafel, die das gesamte Befestigungssystem auf dem Frauen- und Arzberg erläutert. Ausgrabungen am Ende des vorigen Jahrhunderts erbrachten zwei Gräber mit kostbarer Ausstattung, die auf einen Kriegeradel der Urnenfelderzeit schließen lassen. Weitere, verschollene Funde weisen auf die Bronze- und Hallstattzeit hin.

Vier Kilometer führt nun der Wanderpfad nach Süden über Felder und durch den Wald bis zum nächsten Denkmalensemble. Die etwa 100 meist gut erhaltenen Grabhügel bei Holzharlanden konzentrieren sich auf einer sanft nach Westen geneigten Fläche von 420 mal 320 Metern. Hier befindet sich wiederum eine Schautafel. Von den imposanten, unterschiedlich großen Hügeln wurde etwa ein Dutzend Anfang dieses Jahrhunderts ausgegraben. Sie erbrachten Funde der Bronzezeit sowie der Hallstattzeit (Scherben, Bronzedolch und Armringe).
Der gekennzeichnete Weg leitet weiter über die Straßenkreuzung zum südlichsten Punkt. Hier trifft man auf die keltische Viereckschanze bei Thaldorf, die auf einem nach Südosten geneigten Hang über einer ehemals feuchten Mulde liegt. Sie ist sehr verflacht, aber ihr leicht rhombischer Grundriß von 65 Metern Länge ist noch gut zu erkennen. Das etwas undeutliche Tor befindet sich in der Mitte der Nordostseite.
Ein Stück zurückgehend überquert man die Straße nach Thaldorf. Dem Kennzeichen des Lehrpfades folgend, erreicht man die Römerstraße, die vom Kastell Eining nach Regensburg führte. Auf ca. 500 Metern ist sie noch als dammartiger Straßenkörper zu erkennen, an den sich der römische Burgus von Thaldorf anlehnt. Er liegt direkt am beginnenden kräftigen Abfall zum Hopfental. Burgi dienten nicht nur zur Versorgung der Reisenden, sondern hatten auch eine Schutz- und Überwachungsfunktion des Straßenverkehrsnetzes.
Der Weg führt nun weiter quer durch den Wald. Hinter einem kleinen Kerbtal steigt man steil auf die Jurahöhe hinauf und überquert die Straße Weltenburg-Kelheim, wo der Lehrpfad am beginnenden Steilhang zur Donau auf einen Burgstall zuführt. Auf einem gratartigen, von Süden nach Norden gerichteten Sporn, dessen Nordseite steil zur Donau abfällt, liegt zwischen zwei durch Halsgräben betonten Einsattelungen ein mächtiger Turmhügel, ein aus Kalkbruchsteinen bestehender steil geböschter Kegel von etwa 45 Metern Durchmesser an der Basis. Nur wenige Schritte sind es von hier zu einem schönen Aus-

Abb. 17 Schautafel am äußeren Keltenwall an der Hienheimer Straße (2)

Abb. 18 Frauenberg (4) über Kloster Weltenburg (rechts) und das riesige Areal des Oppidum Alkimoennis (links)

sichtspunkt am Wieserkreuz hinunter in das Donautal und auf das gegenüberliegende Klösterl.
Vom Wieserkreuz aus beginnt der Abstieg nach Kelheim. Über die Donaubrücke gelangt man wieder zum Ausgangspunkt zurück, zum Museum oder zum Parkplatz an der Schiffsanlegestelle.

4 FRAUENBERG ÜBER KLOSTER WELTENBURG

Anfahrt bis zum Parkplatz für Klosterbesucher im Dorf Weltenburg (P). Von hier sind es noch 500 Meter bis zum Kloster. Im Sommer besteht die Möglichkeit, mit dem Schiff von Kelheim aus Weltenburg zu erreichen. Rechts neben der Klosterkirche führt ein schmaler, geteerter Weg auf den Frauenberg.

Über der Benediktinerabtei Weltenburg erhebt sich der Frauenberg, ein markanter Sporn, der von der Donau umflossen wird, unmittelbar am Donaudurchbruch gelegen. Der Name soll sich von einem Frauenkloster ableiten, dessen letzter Rest in der Frauenbergkapelle zu sehen ist. Beweise dafür gibt es weder in archäologischen Befunden noch in Urkunden. Nach der Tradition soll dieses Frauenkloster etwa um 700 vom heiligen Rupert gestiftet und auf den Fundamenten eines römischen Minervatempels erbaut worden sein. Nach der Zerstörung während der Ungarneinfälle ließ Bischof Wolfgang von Regensburg im 10. Jahrhundert eine Kapelle errichten. Ab 1396 ist sie als Wallfahrtskirche bekannt.
Der Frauenberg, der nur bis zum ersten Wall, dem Wolfgangswall, reicht, wurde bereits um 3000 v. Chr. in der Jungsteinzeit (Stichbandkeramik, Altheimer und Chamer Gruppe) aufgesucht. Maßgebend dürfte die Topographie gewesen sein, denn von hier aus überblickt man das Donautal und konnte außer dem Schiffsweg das uralte Wegkreuz von Nord nach Süd kontrollieren. Schroffe Felsabstürze sicherten einen Zugang vom Tal; gegen das Hinterland boten mehrere Wälle Schutz (siehe Archäologischer Wanderpfad [3]).

Die erste Großsiedlung entstand in der frühen Bronzezeit (ca. 1700 v. Chr.). Während der Urnenfelderzeit, etwa um 1000 v. Chr., dürfte hier ein Kriegeradel gesessen haben, dessen Nekropole im Vorfeld des Frauenberges lag. Ein ausgeprägter Siedlungshorizont tritt erst wieder in der Frühlatène-Zeit um 400 v. Chr. auf. Der dazugehörige Friedhof lag unten auf der Flußterrasse, wo heute das Kloster steht. Die Aufgabe der keltischen Siedlung fällt etwa mit dem Gründungsdatum der Stadt Alkimoennis auf der anderen Seite der Donau zusammen.
Bedeutung erlangte der Frauenberg erst wieder, als die Römer ihre nördliche Reichsgrenze an der Donau ausbauten. Etwa Mitte des 1. Jahrhunderts n. Chr. entstand hier ein Militärposten, wovon zwar keine Bauspuren, jedoch römische Münzen, Fibeln und Terra sigillata zeugen. In der Blütezeit der römischen Provinz Rätien war der Frauenberg bedeutungslos. Erst gegen Ende des 4. Jahrhunderts, als die Nordgrenze unter Valentinian I. nochmals als Bollwerk gegen die Germanen verstärkt wurde und mehrere kleinere Kastelle in engeren Abständen entstanden, war der Frauenberg strategisch wieder wichtig. Bei Ausgrabungen 1978 bis 1980 wurden die Grundmauern eines Kleinkastells freigelegt und anschließend etwa einen Meter hochgemauert, um so den ehemaligen Grundriß deutlich zu machen (siehe Schautafel).
Der Wolfgangswall riegelt in einer Länge von 220 Metern in leichtem Bogen die Spornspitzen des Frauenberges ab. An seiner höchsten Erhebung erreicht er 11,8 Meter mit einer Basisbreite von 30 Metern. Der davorliegende Graben ist etwa drei Meter breit. Schon 1966 stieß man bei archäologischen Untersuchungen im Bereich des heutigen Weges auf einen fast quadratischen Turm von 6,6 mal 7,3 Metern, der an einen Mauerzug angebunden war und eine Torgasse freiließ.
Vom Typ her gehört der Wolfgangswall zu den Schildwällen, die im 10. Jahrhundert zur Zeit der Ungarneinfälle auf Spornlagen gebaut wurden und als Fliehburgen dienten. Seinen Namen hat der Wall nach dem heiligen Wolfgang, Bischof zu Regensburg, der zwischen 972 und 994 die Befestigungsanlage

erneuern ließ. Hatte man zu dieser Zeit noch so sehr Angst vor den Ungarn, obwohl diese bereits 955 auf dem Lechfeld geschlagen worden waren?

Sehenswürdigkeit: Kloster Weltenburg, das zu den Urklöstern Bayerns gehört, wird bereits mit den Missionaren des 7. Jahrhunderts Eustasius und Agilus aus Burgund in Verbindung gebracht, von Herzog Tassilo III. (748 – 788) gegründet, nach den Ungarnstürmen von Bischof Wolfgang wiederhergestellt, während der Glaubenskriege 1546/47 und 1632/33 verwüstet, 1716-35 von den Gebrüdern Asam zu einer der schönsten Rokokokirchen gestaltet.

5 GRABHÜGELFELD IM EINWALD BEI IHRLERSTEIN

An der Straße Essing-Kelheim genau gegenüber der Schleuse Gronsdorf das Heidental hochfahren. Am Ortsende von Neukelheim zweigt links eine Straße ab, die zu einigen Häusern auf der Anhöhe führt (P). Von hier zu Fuß in westlicher Richtung auf die Waldkante zugehen, dann dem Wanderweg 25 in nördlicher Richtung folgen. 400 Meter weiter befindet sich links im Wald die Grabhügelgruppe.
Diese Grabhügelgruppe ist auch vom Ziegeltal aus erreichbar; Parken wie beim Zugang zur Obernederhöhle (6). In diesem Fall folgt man an der ersten Straßengabelung im Ziegeltal dem rechten Forstweg, der das Bärental hinaufführt. Am nördlichen Rand der ersten 180-Grad-Kurve, dort, wo der Nadelwald beginnt, führt rechts ein Weg nach 80 Metern auf einen Weiher zu. Hier dem „Waldschadens-Lehrpfad" folgen, bis rechts eine Doline sichtbar wird. Man halte sich wieder rechts auf dem Weg, der zur Waldkante mitten durch das Grabhügelfeld verläuft.

Auf der Höhe zwischen dem Ziegeltal und dem Heidental befinden sich im Forstbezirk Einwald mehrere Grabhügelgruppen, von denen jene in der Abteilung Bärental noch heute am eindrucksvollsten ist. Von den einst 30 Hügeln sind nur noch 13 im Wald vorhanden, die restlichen wurden im Ackerland völlig verschleift. Die noch gut erhaltenen Hügel mit einer beachtlichen Höhe von 1,5 Metern sind größtenteils angegraben und sicher ausgeraubt, wie das vor 100 Jahren üblich war.
Die Funde aus einem Hügel von neun Metern Durchmesser, die der Historische Verein von Kelheim 1920 bei sorgfältigen

Ausgrabungen machte, gehören in die Bronzezeit und sind heute im Archäologischen Museum Kelheim ausgestellt. In einer aus Kalk- und Sandsteinen aufgebauten Grabkammer fanden sich die Skelette einer Frau und eines Säuglings. Das bereits beraubte Grab wies nicht mehr viele Beigaben auf. Am Kopf lagen bronzene Spiralröllchen und ein Anhänger, im Körperbereich ein Fingerring und ein Bernsteinschieber, der zu einer Kette gehörte. Am Fuß fand sich ein Zehring, und in der Hügelaufschüttung lagen zahlreiche Scherben.

6 OBERNEDERHÖHLE IM ZIEGELTAL

Auf der Straße Essing-Kelheim kurz vor der Schleuse Gronsdorf liegt links am Ausgang des Ziegeltals ein Parkplatz (P). Von hier führt eine Forststraße (Wanderweg 25) das leicht ansteigende Tal hoch. Nach etwa 500 Metern biegt rechts eine Straße ab. Ab dieser Straßengabel auf der bisherigen Straße noch 280 Meter dem Tal folgend, erblickt man links, 16 Meter über dem Talgrund, die Obernederhöhle, zu der ein Pfad hochführt.

Abseits des Massentourismus liegt diese Höhle in dem letzten Seitental der Altmühl vor ihrer Mündung in die Donau; sie hieß früher Marienhöhle. A. Oberneder, Justizinspektor in Kelheim und Amateurforscher, führte hier in den Jahren 1918 bis 1923 – unbemerkt von Denkmalpflege und Universität – Ausgrabungen durch und benannte die Höhle nach sich selbst. Erst 1956 wurde die Fundstelle der Wissenschaft bekannt und sorgte für Aufregung. Das gemeinsame Auftreten von archaisch anmutenden Faustkeilen und sorgfältig bearbeiteten, äußerst kleinen und dünnen Blattspitzen in einer Schicht konnte jedoch durch eine Grabung der Universität Erlangen bestätigt werden. Wer hätte dem Neandertaler die Fertigung von solch feinen Steinspitzen zugetraut!
Die nach Osten geöffnete Höhle hat ein Portal von drei Metern Breite und zwei Metern Höhe. Auf dem kleinen Vorplatz wurden keine Kulturreste entdeckt, wohl aber in dem 20 Meter langen

und neun Meter breiten Höhlenraum mit seinen seitlichen Nischen.
In Schicht 1 waren nicht sehr bedeutende Funde vom Neolithikum bis zum Mittelalter. Schicht 2 führte junpaläolithische Objekte (Knochennadelfragmente und Knochenspitzen des Aurignacien um 30 000 v. Chr.). In ihrem unteren Bereich und im oberen Bereich der Schicht 3 konnten Prototypen von Kratzern und gezähnten Stücken aus der Zeit des Neandertalers (Moustérien) festgestellt werden. In der restlichen Schicht 3 und in Schicht 4 übergreifend kamen die Blattspitzen und die archaischen Faustkeile vor.
An Tierresten wurden aus der Schicht 3 Höhlenbär, Ren, Rhinozeros, Löwe, Pferd, Wolf und Vielfraß bestimmt.

Hinweis: Nur 800 Meter entfernt in nördlicher Richtung liegt das Jagerloch, das – den Mikrolithenfunden zufolge – erst in der Mittelsteinzeit aufgesucht wurde.

7 SCHULERLOCH-HÖHLEN

An der Straße Essing-Kelheim liegt etwa 100 Meter vor dem Ortsbeginn Oberau der Parkplatz „Tropfsteinhöhle Schulerloch" (P). Von hier steigt man auf einem Weg in 15 Minuten zur Tropfsteinhöhle hoch. Die Besichtigung ist nur mit Führung möglich, die eine knappe halbe Stunde dauert.
Öffnungszeiten: zwischen Ostern und Ende Oktober. Die Führungszeiten sind jeweils am Parkplatz angeschlagen oder können telefonisch erfragt werden: Tel. (09441) 3277 (vor 8.30 und nach 19 Uhr).

Das untere Altmühltal durchschneidet bei Oberau die Ablagerungen des oberen Weißjuras. Dabei handelt es sich um kuppelförmige Riffbildung, die vor rund 140 Millionen Jahren in einem warmen Flachmeer entstand. In diesem Riffen gibt es eine Reihe von Höhlen, von denen das Große Schulerloch die bekannteste ist. Es entstand vor etwa einer Million Jahren, als die Altmühldonau 55 Meter über dem heutigen Altmühlniveau floß und in einer Flußschlinge gegen den Schulerloch-Felsen prallte.

Beim Aufgang zum Schulerloch befindet sich sechs Meter über dem Parkplatz linker Hand ein sehr hohes, ausgewaschenes Abri von 25 Metern Breite und fünf Metern Tiefe.
Noch auf der rechten Seite des in die Ritzelschlucht hineinführenden Aufstiegs zum Schulerloch liegt unterhalb des Weges im Bereich der oberen Felswandstufe mit Blick nach Süden das Vierkammerloch. Ein schmaler Spalt (nur mit Licht in gebückter Haltung begehbar) führt zu einer geräumigen, mannshohen Höhle von 10 Metern Länge, in der man Scherben der älteren Hügelgräber-Bronzezeit (um 1600 v. Chr.) fand.
Nach Überquerung der Ritzelschlucht erreicht man das Große Schulerloch, mit 420 Metern Länge die größte Höhle des Altmühltals. Sie wurde Ende des 18. Jahrhunderts entdeckt. 1828 ließ der damalige Besitzer, Regierungsrat Anton von Schmauß, den bequemen künstlichen Eingang anlegen, einen Pavillon über der Höhle und einen zweiten als Aussichtspunkt am Steilhang errichten. Er sah im Schulerloch einen Ort, an dem die keltischen Druiden ihr Wissen weitergaben, also eine Art Druidenschule. Ob nun der Name Schulerloch von Schule kommt oder von Schuller, wie man früher Wegelagerer oder grobe, treulose Menschen nannte, ist heute nicht mehr festzustellen.
Bereits ab 1888 fanden hier Ausgrabungen statt, die ein vier Meter mächtiges Schichtenpaket erbrachten: zuunterst zwei Meter mit Tierknochenresten, darüber die Kulturschicht. In diese eingelagert waren ca. 2000 Silexstücke (Schaber, Spitzen, gezähnte und gekerbte Stücke), die in die Zeit des Neandertalers (Moustérien) gehören.
Unter den Tierknochen (vom Rentier, Pferd, wollhaarigen Nashorn, zum Teil Mahlzeitreste des Menschen) dominiert der Höhlenbär. Das bedeutet, daß die Höhle nicht nur den Menschen als Zufluchtsstätte diente.
Während der jüngeren Altsteinzeit wurde das Schulerloch kaum aufgesucht, erst in der Jungsteinzeit sind wieder kurzzeitige Aufenthalte (Oberlauterbacher Gruppe, Stichbandkeramik, Münchshöfener Kultur) zu erkennen. Der Rest der Keramikscherben gehört in die Bronzezeit. Die frühbronzezeitliche

„schwarzgefirnißte Schulerlochkeramik" (auch in der Kastlhänghöhle, im Silberloch und in der Maihöhle nachgewiesen) kam nur auf einem engen Raum vor, was eine absichtliche Deponierung bedeuten könnte, vielleicht für kultische Zeremonien.
Die Keramik der Hügelgräber-Bronzezeit stammt dagegen von Stellen, die weitab vom Tageslicht liegen. Suchte man das Schulerloch als Zufluchtsort oder gar zu Opferhandlungen auf wie das Silberloch und den Maifelsen?
Acht Meter oberhalb des Großen Schulerloches liegt, nach Westen versetzt, das Burgerloch, eine Doppelhöhle von vier bis fünf Metern Tiefe. Der Schuttkegel in der Mitte des Eingangs stammt von früheren Ausgrabungen, die bronzezeitliche Keramik erbrachten.
Nicht minder bekannt als das Große Schulerloch ist das Kleine Schulerloch. Die etwas abseits gelegene Höhle ist heute mit einem Gitter versperrt und nur nach Anmeldung mit Führung zu besichtigen. Sie liegt 200 Meter nordwestlich des Großen Schulerloches, etwa 30 Meter über der Talsohle. 1937 entdeckte man an einem Felspfeiler etwa in Augenhöhe die Ritzzeichnung eines Steinbocks (oder Rothirsches) und eine senkrecht verlaufende Runenschrift, deren Echtheit umstritten sind. Ist sie paläolithisch oder gehört sie in die Zeit der Runeninschrift („birg leub seltrade" = Brigitte liebt Seltrade), die in das 6./7. Jahrhundert n. Chr. datiert wird, oder handelt es sich gar um eine Fälschung? Das Kleine Schulerloch bleibt sicher noch eine Zeitlang im Gespräch.

Hinweis: Ein Abguß der Ritzzeichnung aus dem Kleinen Schulerloch sowie Grabungsfunde aus dem Großen Schulerloch sind im Pavillon beim Höhleneingang ausgestellt.

8 SCHELLNECKER WÄND

Über die Brücke, die zwischen Neuessing und Altessing in Richtung Hienheim führt, fahren und nach 400 Metern nach Heidenstein abbiegen (P). Hier dem befestigten Wander- und Radweg A bzw. 16 nach Osten folgen, entlang dem Altwasser der Altmühl und der be-

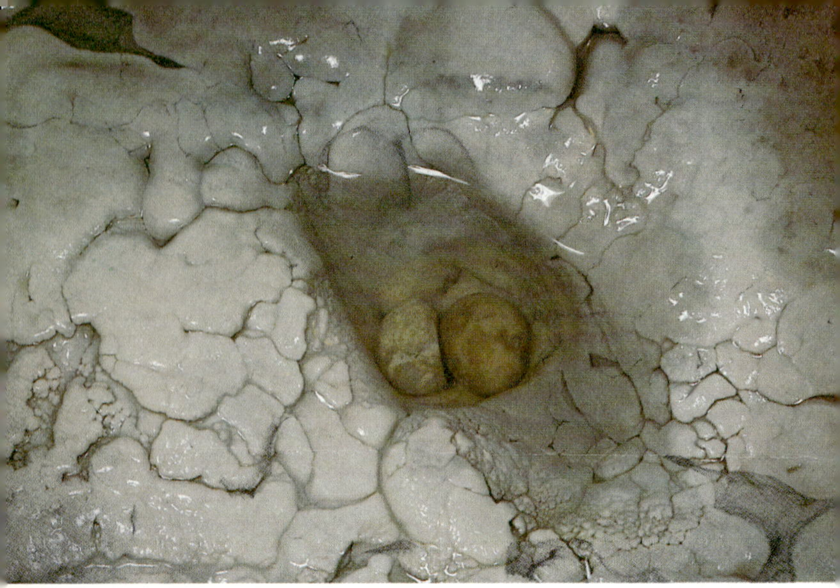

Abb. 19 „Höhlenmühle“ im Großen Schulerloch (7)

Abb. 20 Schellnecker Wänd (ganz links) und Siegfriedfelsen (rechts) bei Altessing (8)

waldeten Hangkante. Nach etwa 1,5 Kilometern reicht ein mächtiger Fels direkt an den Weg heran. Es handelt sich um den Siegfriedfelsen, an dessen Fuß, nur vier Meter über der Straße, ein Abri liegt. Nach 240 Metern zweigt rechts gegenüber dem Schleusenwärterhäuschen ein gekennzeichneter Weg ab. Von hier zu dem Abri an der steil abfallenden Felswand „Schellnecker Wänd" auf dem Trampelpfad hochsteigen. Unterhalb der Felswand befand sich der Opferplatz, in dem rechts daneben liegenden Abri die mesolithische Bestattung.
Zum Burgstall über den Schellnecker Wänd geht man vom (P) aus etwa 600 Meter auf dem Weg A, bis ein Pfad rechts zum Schlösselberg ansteigt. Nach einem Hohlweg hält man sich links an die Hangkante und stößt dann auf den Burgstall an der äußersten Nordwestspitze.

Eindrucksvoll und mächtig stehen die Schellnecker Wänd am Beginn des sich erweiternden Altmühltals bei Altessing. In ihrer Umgebung findet sich eine Reihe archäologischer Fundstellen.
Das Abri am Fuße des Siegfriedfelsens wurde 1976 von der Universität Bonn ausgegraben. Auf mindestens drei Horizonte des sogenannten Epipaläolithikums, das am Übergang von der Alt- zur Mittelsteinzeit (ca. 8000 v. Chr.) noch in altsteinzeitlicher Tradition steht, folgen zwei mittelsteinzeitliche und ein jungsteinzeitlicher Horizont. Mit am interessantesten ist eine der mittelsteinzeitlichen Schichten, in der eine Grubenhütte mit Wandgraben und Pfostenlöchern entdeckt wurde. Daraus läßt sich eine zeltartiges Hüttchen – an die überhängende Felswand angelehnt – rekonstruieren, ein Befund, der zeigt, wie Jäger der Nacheiszeit wohnten. Die vielen Artefakte (dreieckige Mikrolithen, zwei Knochenanhänger und eine Harpune) sind im Archäologischen Museum Kelheim ausgestellt.
Weit bekannter ist jedoch das kleine Abri an den Schellnecker Wänd, stammt doch von hier (östliche Abri-Rückwand) die erste zweifelsfreie mesolithische Bestattung Süddeutschlands aus dem 6. Jahrtausend v. Chr.
In den Armen einer etwa 20jährigen Frau ruhte ein Kind. Genetische Entsprechungen am Skelett zeigen, daß es sich um Mutter und Kind handelte. Beide Gesichter waren einander zugeneigt,

darüber ein krähengroßer Vogel ausgebreitet. Weitere Beigaben waren fünf Mikroiithen.
Auch der Hang am Fuße der Steilwand wurde ab 1972 mehreren Untersuchungen unterzogen. Man stieß dabei auf zerscherbte Tongefäße, die nicht locker gestreut lagen wie am Maifelsen (11), sondern auf einer Fläche von fünf mal sieben Metern bis zu 60 Zentimeter tief gehäuft gelagert. Der Abstand von der Felswand läßt an ein bewußtes Herabwerfen der Keramik denken. Diese Scherbenansammlung war stellenweise mit kohlschwarzer Erde versetzt und mit einigen verbrannten Tierknochen und Bronzen angereichert. Die Scherben gehören vorwiegend der Urnenfelderzeit (um 1000 v. Chr.) an und sind ebenfalls im Museum Kelheim ausgestellt.
Auch hier scheidet eine praktische Nutzung zu Siedlungs- oder anderen Zwecken aus, so daß man eine Opferstätte mit den Resten von Opferhandlungen vermuten kann. Wurden die vielen Tongefäße in einem Ritual zerbrochen, oder wollte man nur das bei den Opferhandlungen benützte Geschirr dem alltäglichen Gebrauch entziehen? Eine Reihe von Fragen, die noch unbeantwortet bleiben müssen.
Über den Schellnecker Wänd befindet sich der Schlösselberg. Schon der Name deutet an, daß sich hier ein Schlößchen oder eine Burg befunden haben könnte. Tatsächlich findet sich auf dem nach Nordwesten gerichteten Felsvorsprung, 110 Meter über der Talsohle, ein Burgstall. Erhalten ist ein 35 Meter langer Halsgraben, der einen spitz zulaufenden, 40 Meter langen Sporn von dem nur leicht ansteigenden Hinterland abtrennt. Im Innenraum sind keine Baubefunde mehr vorhanden. Über den Graben führt etwa in der Mitte eine Erdbrücke. Vor der Erdbrücke befindet sich ein Steinkranz von fünf Metern Durchmesser, der gerne als der Rest eines Rundturmes angesprochen wird.

9 „ABRI I UND II IM DORF“ ÜBER NEUESSING

An der Umgehungsstraße zwischen dem Markt Essing und dem Main-Donau-Kanal liegt ein Parkplatz (P). Von hier aus gelangt man über einen Altwasserarm der Altmühl durch den Torturm direkt zum Marktplatz. Darüber befinden sich die heute unzugänglichen Höhlen „Abri I und Abri II im Dorf“.

Essing wird 976 erstmals als „Ezangin“ erwähnt. In dem Namen Ezzangin, Ezzingen soll die keltische Wurzel „Ezz“ oder „Yzz“ stecken, was „Waffe“ bzw. „Waffenschmied“ bedeuten soll. Ausgrabungen haben nun tatsächlich gezeigt, daß westlich von Altessing bereits im 5. Jahrhundert v. Chr. ein Dorf lag, dessen Bewohner sich mit der Produktion von Eisen beschäftigten.
Unmittelbar über der letzten Häuserzeile von Neuessing sind in den steilabfallenden Malmkalken zwei Abris (Halbhöhlen) zu sehen, die aus wissenschaftlichen Gründen abgesperrt und nicht zugänglich sind: das geräumige „Abri I im Dorf“ (rechts) und das „Abri II im Dorf“, auch Sesselfelsgrotte genannt.
Abri I, 1959 ausgegraben, wies nur eine einzige Kulturschicht mit Resten aus dem Jungpaläolithikums (27000 – 18000 n. Chr.) auf. Die von 1964 bis 1977 durchgeführten Grabungen der Universität Erlangen in der kleineren Sesselfelsgrotte erbrachten eine Schichtenfolge, die für das Paläolithikum des gesamten mittel- und osteuropäischen Raumes von größter Bedeutung ist. Ein etwa sieben Meter mächtiges Sedimentpaket beinhaltete etwa 30 Schichten. Darunter befanden sich 25 archäologische, von denen mehr als 20 dem Mittelpaläolithikum (Zeit des Neandertalers) angehörten. Die ungewöhnlich mächtige und gut gegliederte Sedimentationsfolge dürfte ausschließlich in der Würmeiszeit mit ihren Klimaschwankungen entstanden sein. Aufgesucht wurde dieser Platz – mit nur gelegentlichen Unterbrechungen – von Menschen vermutlich 70 000 Jahre lang!

Sehenswürdigkeiten: Im Ort der einzig erhaltene, sehr malerische Torturm an der Altmühlbrücke, Marktplatz mit spätgotischem Rathaus, Heilig-Geist-Kirche (1711 umgebaut), Pfarrhof (ehemaliges

Stiftshaus) von 1630 (einer der wenigen Renaissancebauten im Landkreis Kelheim).
Über Essing die Burgruine Randeck, wohl im frühen Mittelalter gegründet. Kronprinz Maximilian ließ 1844 die im 19. Jahrhundert gänzlich verfallene Burg sichern und den Bergfried ergänzen (Führung ganztägig möglich, an Haus Nr. 11 läuten).

10 KLAUSENHÖHLEN BEI ESSING

Die neue Fußgängerbrücke bei Essing über den Main-Donau-Kanal führt direkt auf den Maifelsen (11) zu. Nach links etwa 400 Meter in südöstlicher Richtung, bis gegenüber dem Ort Essing der Anstieg zu den mehrstöckigen Klausenhöhlen beginnt, die im unteren Teil mit einem Geländer gesichert sind. Noch unten am Hangfuß befindet sich die Untere Klausenhöhle, einst als Bierkeller ausgebaut; unmittelbar darüber die Klausennische. Der ansteigende Pfad führt auf die nach rechts versetzte Westliche Klausenhöhle zu. Auf gleicher Höhe liegt acht Meter über der Klausennische die Mittlere Klausenhöhle mit ihrem Doppeleingang. Rechts davon führt von einem kleinen Vorraum ein kurzer und enger Einschlupf in die Obere Klausenhöhle.

Als die klassische Landschaft des bayrischen Höhlenpaläolithikums wird das untere Altmühltal bei Neuessing bezeichnet, mit dem nur noch das südfranzösische Dordognetal zu vergleichen ist. Heute unter reicher Bewaldung versteckt, staffeln sich die Klausenhöhlen und -nischen etagenartig übereinander. Die nach Nordosten und Osten ausgerichteten Höhlenplätze, offen und sehr leicht zugänglich, sind seit langem bekannt.
Um 1860 wurde in der Unteren Klause ein Bierkeller eingerichtet. Durch Mauereinbauten und Erweiterungen des Einganges entstanden wesentliche Veränderungen, wobei der größte Teil der Höhlenablagerungen mit den Funden ausgeräumt wurde.
Auch die 10 Meter darüber liegende Klausennische wurde durch den Bau des Bierkellers mit Kegelbahn in Mitleidenschaft gezogen, indem der Vorplatz der 4,7 Meter breiten und rund 2,7 Meter hohen Nische künstlich erhöht wurde.
Nur noch an der Felswand konnten ungestörte Befunde gewonnen werden. Die Bedeutung dieser Fundstelle mit den klassi-

Abb. 21 Neuessing mit den Höhlen „Abris I und II“ (9) über dem Ort sowie der Burgruine Randeck

Abb. 22 Postkarte von den Klausenhöhlen (10) und ihrer gastronomischen Nutzung, Anfang 20. Jh.

schen lanzettförmigen Faustkeilen (vom Micoque-Typ) und den schönen beidseitig überarbeiteten Blattspitzen wurde schon früh erkannt und lange diskutiert („Klausennischenkultur").
Insgesamt ist dieses Material, das zeitlich und kulturell dem Neandertaler (Moustérien) zuzuordnen ist, durch den verwendeten Plattensilex geprägt. Ein hier gefundener Milchschneidezahn eines Neandertalerkindes ist bislang der einzige anthropologische Hinweis auf die Anwesenheit dieses Menschentyps im Altmühltal.
Über der Klausennische liegt die Mittlere Klause, eine große und geräumige Halle von 18 Metern Breite und 21 Metern Länge, jedoch so niedrig, daß man nicht in allen Bereichen stehen kann. Durch einen Felspfeiler wird der Eingang in zwei Teile geteilt. Ein vier Meter langer senkrechter Schacht von einem Meter Durchmesser stellt eine Verbindung zu der darüberliegenden Oberen Klause her.
Zu den interessantesten Funden der jungpaläolithischen Schicht, dem Magdalénien (18 000 – 10 000 v. Chr.) zugewiesen, gehören neben Pfriemen, einreihigen Harpunen, Spitzen und Nadeln aus Knochen einige Objekte der Kleinkunst: Teile einer Kalksteinplatte mit eingeritzten Kopf und Vorderbein eines Wildpferdes und ein 42 Zentimeter langer Lochstab aus Rengeweih mit dem Flachrelief eines Auerochsenkopfes. Früher deutete man Lochstäbe als Szepter oder Kommandostäbe, heute glaubt man eher an ein Gerät zum Geradebiegen von Knochen- und Geweihspänen (ähnlich den Pfeilstreckern der Eskimos). Eine in die darunterliegende Moustérien-Schicht reichende Grube enthielt das verdrehte Skelett eines 30jährigen Mannes mit Spuren gewaltsamer Verletzungen. Er war in eine mächtige Rötelumhüllung eingebettet, unter und über dem völlig zerdrückten Schädel lagen Stoßzahn-Bruchstücke vom Mammut. Der Tote, ein Homo sapiens sapiens, wurde – so ergab eine wissenschaftliche Untersuchung (C14-Datierung) – vor rund 18 000 Jahren bestattet.
Eine der schönsten Höhlen im Altmühltal ist die 50 Meter über dem Tal liegende Obere Klause mit zwei durch einen Felsen-

pfeiler getrennten Eingängen nach Osten. In der geräumigen Halle, die acht Meter hoch, 27 Meter lang und 15,5 Meter breit ist, befinden sich an den Wänden eine Reihe von Nischen. In einer dieser Nischen fand man einige kostbare Kunstwerke: eine Mammutgravierung auf einer neun Zentimeter breiten Elfenbeinplatte des Magdalénien (18 000 – 10 000 v. Chr.) und zwei Kalksteinplatten mit Punktgruppen von braunroter Farbe. Außerdem enthielt die jungpaläolithische Schicht Lochstäbe, Knochenspitzen, durchlochte Anhänger, Harpunen und Nadeln aus Knochen. Darunterliegende Straten der 2,5 Meter dicken Schichtenfolge belegten auch hier die Anwesenheit des Neandertalers.
Die Westliche Klausenhöhle scheint vom paläolithischen Menschen nicht aufgesucht worden zu sein. Hier kamen nur neolithische Gefäßscherben, Rundschaber und Pfeilspitzen zutage. Aber nicht nur die Westliche Klause wurde in der Nacheiszeit aufgesucht, zum Teil sogar bis ins Mittelalter, sondern fast alle Höhlen im unteren Altmühltal.

11 MAIFELSEN UND ABRI IM PFAFFENHOLZ

Die Fußgängerbrücke über den Kanal bei Essing führt direkt auf den Maifelsen zu. Der Aufstieg erfolgt – Richtung Klausenhöhle nach Osten gewandt – an der Stelle, wo der Waldweg zwischen einem größeren (unten) und einem kleineren Felsblock durchführt. Etwas hangaufwärts befindet sich rechts ein großer bewachsener Felskegel. Am Fuße der steilen Felswand liegen die beiden Mai-Nischen. Unzugänglich und von unten nicht sichtbar ist dagegen die rechts über dem Felszwickel liegende Maihöhle.
Zum Pfaffenloch geht man den befestigten Radweg A (auch mit 16 markiert) nach rechts gegen Westen. Nach etwa 300 Metern gabelt sich der Weg. Von hier den steilen bewaldeten Hang hochsteigend, stößt man in etwa 25 Meter Höhe auf einen Trampelpfad, der an einer Reihe kleiner Höhlen vorbeiführt. Das sehr breite Abri im Pfaffenholz befindet sich in der vorletzten Felsengruppe vor dem Galgental.

Die Spitze des Maifelsens ist trotz starker Bewaldung weithin sichtbar. Von hier aus ist das Tal gut einsehbar: flußabwärts am

Horizont die Befreiungshalle über Kelheim, flußaufwärts die halbe Strecke bis Riedenburg. Im unteren Teil der steilen Felswand befinden sich zwei kleinere Grotten (Hammernische A und B) und die heute völlig unzugängliche Mai- oder Hammerhöhle. Letztere wies drei prähistorische Feuerstellen auf sowie bronzezeitliche Keramik, darunter auch die schwarzgefirnißte sogenannte Schulerlochkeramik, zum Teil auch unterhalb der Höhle, wie heruntergeworfen. „Scherben so dicht gestreut wie Herbstlaub" konnten noch 1957 am Fuße des senkrecht aufsteigenden Maifelsen hangabwärts beobachtet werden. Sie reichten zeitlich von der Bronzezeit bis zur Urnenfelderzeit (von 2300 – 800 v. Chr.). Der Maifelsen weist damit gewisse Ähnlichkeit mit der Situation an den Schellnecker Wänd auf und wird deshalb auch als Kult- und Opferplatz gedeutet. Spielte vielleicht bei der Auswahl dieses Platzes die Sonne eine Rolle? Die Morgensonne trifft auf die Spitze des Maifelsen das ganze Jahr über, die späte Abendsonne dagegen nur im Sommer. Und warum bis vor kurzem der Maibaum des Ortes Essing hier oben aufgestellt wurde, kann niemand erklären.

Nur wenige hundert Meter vom Maifelsen entfernt befindet sich das Abri im Pfaffenholz, auch Pfaffenloch genannt. Die 30 Meter breite und maximal drei Meter tiefe Halbhöhle, 25 Meter über dem Tal, gehört nach Art und Topographie zu den „klassischen" Wohnstätten der mittelsteinzeitlichen Menschen (8000 – 5500 v. Chr.). Etwa drei Viertel aller Steingeräte entstammen dem Bereich einer großen Feuerstelle und sind daher „getempert", d. h. dem Feuer ausgesetzt gewesen, wodurch sie besser zu verarbeiten waren; sie besitzen deshalb auch die pastellartige Farbe.

Diese winzigen Mikrolithen waren einst in Holzschäfte eingesetzt und dienten dann als Harpunen oder Pfeilspitzen. Neben dem Fischfang spielte die Jagd eine große Rolle. Knochen von Rothirsch, Biber, Fuchs, Wildschwein und Hase sowie Reste von Fischen und Muscheln deuten auf die Beute dieser mittelsteinzeitlichen Jäger hin.

12 SILBERLOCH-HÖHLE IM GALGENTAL

Am westlichen Ortsausgang von Essing auf der parallel zur Umgehungsstraße laufenden Straße Richtung Keilsdorf. Am Felsenhäusl dem Wegweiser nach Keilsdorf folgend rechts in das Galgental einbiegen (Wanderwege 17 und 21). Nach etwa 500 Metern steht links am Straßenrand ein Marterl. Unmittelbar dahinter folgt eine Parkbucht (P). Gegenüber führt ein steiler Pfad zu der etwas versteckt links liegenden Silberloch-Höhle hinauf.

Der Name Galgental wird bereits 1565 erwähnt. Der Sage nach soll auf dem Felsen über dem Felsenhäusl, in dem angeblich der Scharfrichter wohnte, eine Hinrichtungsstätte gewesen sein. Eine üppige Vegetation verdeckt die senkrecht aufsteigenden, wild zerklüfteten Felsen, die die unteren 700 Meter des Galgentals prägen und mit dem sogenannten Felsentor abschließen. In diesem Abschnitt befinden sich mehrere Höhlen, von denen das Silberloch am Fuße eines Felsabsturzes am bekanntesten ist.
Vor mehr als 100 Jahren soll hier nach Silbererz gegraben worden sein, was zu der Namensgebung führte. Der doppeltorige Eingang ist nur 90 Zentimeter hoch und fünf Meter breit. Insgesamt ist die 50 bis 60 Meter tiefe Höhle schlauchartig ausgebildet, jedoch nur von guten Kletterern bis zum Ende erreichbar, da verschiedene Niveaus überwunden werden müssen. Der vordere Teil der nach rückwärts abfallenden Höhle, 19 Meter lang, verengt sich auf zwei Meter, um dann wieder sechs Meter weit zu werden.
Bereits um 1916 stieß man im vorderen Bereich auf Scherben der frühen Bronzezeit, darunter wiederum die schwarzgefirnißte „Schulerlochkeramik“. Aufgrund der Knochen, die größtenteils vom Menschen stammen und über die ganze Fläche verstreut lagen, wird das Silberloch heute als urgeschichtlicher Opferplatz interpretiert. In derartigen Schachthöhlen, die konzentriert in der Fränkischen Alb vorkommen, wurden Menschen-, Tier- und Sachopfer von der Jungsteinzeit bis zur Latènezeit beobachtet. Waagrecht in den Berg führende Räume mit in die Tiefe gehende Spalten galten lange Zeit als Eingänge zur Unterwelt.

13 KASTLHÄNGHÖHLE BEI PILLHAUSEN

In Nußhausen über den Main-Donau-Kanal nach Einthal fahren (P). Unter der Brücke durch führt der befestigte Radweg an der Waldkante entlang (Wanderweg A bzw. 16). Etwa 2,2 Kilometer flußabwärts gelangt man zu dem links liegenden Schleusenwärterhäuschen Nr. 5 des alten Ludwig-Donau-Main-Kanals, heute Außenstelle des Botanischen Instituts der Universität Regensburg. Etwa gleichweit entfernt, ist die Höhle auch vom Maifelsen zu Fuß aus zu erreichen. Nun am Waldrand weitergehend, stößt man auf einen herabgefallenen großen Felsbrocken. Kurz danach beginnt rechts ein steil ansteigender Pfad, der in Serpentinen auf den Felsversturz zuführt, über dem sich die Kastlhänghöhle mit ihrem mächtigen Mittelpfeiler befindet.

Durch starke Bewaldung versteckt liegt die Kastlhänghöhle, im Volksmund auch Steinzeit-Höhle genannt, in einer Felswand 65 Meter über der Altmühl. Riesige Versturzblöcke im Eingangsbereich haben zwei breite, acht bis neun Meter hohe Eingänge entstehen lassen. 35 Meter reicht die Höhle in den Felsen hinein mit einem Innenraum von 400 bis 500 Quadratmetern, nach hinten um neun Meter ansteigend. 10 Meter ist die Haupthöhle hoch, von der noch zwei Nebenräume, die sogenannte obere und untere Etagenhöhle, abbiegen. Herumliegende Felsbrocken weisen darauf hin, daß eine ständige Steinschlaggefahr besteht. 1958 fiel ein über 100 Zentner schwerer Block herunter.
Die verschiedenen Untersuchungen seit 1888 ergaben eine Schichtenfolge, nach der die Höhle vornehmlich von Höhlenbären (zwei Schichten) aufgesucht wurde, bevor der Mensch Schutz darin fand. Es kam nur eine einzige paläolithische Kulturschicht zutage, die dem Magdalénien angehört (15 000 – 10 000 v. Chr.). Sie enthielt ein reiches Inventar, das aus vorzüglich bearbeiteten Silexwerkzeugen, Knochengeräten und Elfenbeinstäbchen bestand. Die Tierknochen stammten von Rentier, Steinbock, Wildschaf, Wildpferd, Edelhirsch, Wolf, Vielfraß, Dachs, Eisfuchs, Schneehase, Iltis, Braunbär, Höhlenbär, Mammut, Moorschneehuhn, Alpenschneehuhn, Birkhuhn sowie verschiedenen Raubvögeln.

Abb. 23 Eingang in die Kastlhänghöhle bei Pillhausen (13) >

Erst im Neolithikum war die hohe lichte Höhle für die Menschen wieder von Interesse, wie einige Scherben der Rössener Kultur (um 4700 v. Chr.) belegen. Darüber folgen dann Keramikreste der älteren Bronzezeit, der Hallstatt- und Frühlatènezeit (mit einer Fußzierfibel) sowie eine Scherbe eines reliefverzierten Bechers (Acobecher) aus der frühen römischen Kaiserzeit.

Hinweis: Auf der Hochfläche, südlich der Kastlhänghöhle, liegt auf dem Buchberg ein großes Grabhügelfeld mit annähernd 50 Hügeln in lockerer Streuung.

14 ABSCHNITTSBEFESTIGUNG UND KLAMMHÖHLE BEI NUSSHAUSEN

In Nußhausen von der Straße Riedenburg-Kelheim über die Brücke nach Einthal bis zum Waldbeginn fahren (P). Rechts dem Weg entlang der Waldkante folgen (nicht dem Wegweiser „Klamm"), bis nach ca. 300 Meter in einem spitzen Winkel zurück der Pfad ansteigt. Er führt nach ca. 100 Metern auf eine Felsgruppe zu, in der sich die Klammhöhle befindet.
An der Klammhöhle vorbeigehend, stößt man auf den über der Höhle befindlichen Klammweg (Markierung 14). Nach kurzer Strecke zweigt links der steil ansteigende Pfad 14 a ab (Hinweistafel: Nur für geübte Wanderer) auf eine markante Felsengruppe zu. Der Weg ist mit einem Geländer gesichert. Am Aussichtspunkt (gegenüber Schloß Prunn) vorbei zu einem Einschnitt, einer Klamm, wo wegelos, aber gut begehbar, die Hochfläche erreicht wird. Unmittelbar über dem Aussichtspunkt liegt auf der Hochfläche der Beginn eines Abschnittswalls, an dem man größtenteils entlang gehen kann. Am südlichen Ende des Walls folgt man der Hangkante bis zur nach Osten auslaufenden Spornspitze, auf der man fast weglos wieder in das Tal gelangt.

Gegenüber dem Ort Nußhausen liegen in einer Felsengruppe in der Buchleite drei Höhlen. Die größte unter ihnen wird Klammhöhle genannt. 50 Meter über der Altmühl gelegen, weist ihr 3,20 Meter breiter und 2,30 Meter hoher Eingang nach Nordosten. Vom Grundriß her ist sie eine langgestreckte Halle, an deren südlichem Ende noch eine kleine Höhle liegt. Untersuchungen Anfang dieses Jahrhunderts erbrachten nur vorge-

schichtliche Keramik, darunter stichbandkeramische Scherben, und mittelalterliche Keramikreste. Im Eingangsbereich kann man die Ausformungsspuren des Wasser sehen, die im Volksmund „Bärenschliffe" genannt werden.
Über den Höhlen und der Klamm, einer reizvollen Felsformation mit üppiger Vegetation im feuchten Biotop, riegelt ein Abschnittswall eine nach Osten ragende lange Bergzunge gegen das Hinterland ab. Steile Hänge, im Norden zum Altmühltal, im Süden zu einem Nebental hin, boten natürlichen Schutz. Der 350 Meter lange und sechs bis acht Meter breite Wall mit einem Steinkern ist außen noch 1,5 Meter und innen 0,5 Meter hoch. Die Durchbrüche können alle als modern angesehen werden. Das Eingangstor dürfte am nördlichen Ende gelegen haben, wo bis zum Steilabfall noch ein Vorgelände freigelassen wurde. Von der Anlage her könnte die Abschnittsbefestigung vorgeschichtlich sein.

Sehenswürdigkeit: Das über Nußhausen gelegene Schloß Prunn, eine der besterhaltenen mittelalterlichen Kleinburgen, durch König Ludwig I. im 19. Jahrhundert vor dem Verfall gerettet. Der dominierende Bergfried sowie der tiefe Halsgraben gehören zu einer Anlage um 1200, zweite Blütezeit im 14. Jh. Führungszeiten: 1. April – 30. September täglich 9–17.30 Uhr, 1. Oktober – 31. März 9–15.30 Uhr täglich außer montags.

15 WALLANLAGE AUF DEM TEUFELSFELSEN BEI JACHENHAUSEN

Von Riedenburg der Straße nach Hemau folgen. Kurz vor Ortsbeginn Jachenhausen geht vor der holzverarbeitenden Firma links eine Abzweigung ab. An der Weggabelung führt der linke Weg auf den Parkplatz vor dem Teufelsfelsen. Bereits rechts daneben ist die Wallanlage deutlich sichtbar.

Der Teufelsfelsen wird heute viel aufgesucht, denn hier steht eine Rampe für Drachenflieger. Ihnen gehört die Aufmerksamkeit, und die Wallanlage wird dabei übersehen. Sie liegt im Wiesengelände und lehnt sich halbkreisförmig mit einem Ra-

Abb. 24 Wallanlage auf dem Teufelsfelsen bei Jachenhausen (15) mit Drachenflieger (vorne links)

Abb. 25 Viereckschanze bei Pellndorf-Thonlohe (17)

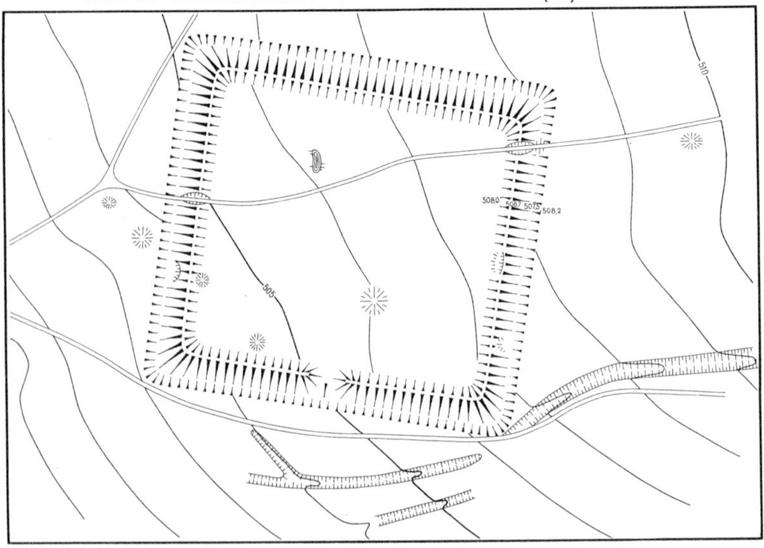

dius von 65 bis 80 Metern an die steilen Hangkanten des Teufelsfelsens an. Der Wall hat eine Breite von sechs Metern und ist außen fast noch zwei Meter hoch. Begleitet wird er von sehr verschleiften Spuren eines ehemaligen Grabens. Über die Datierung der eindrucksvollen Anlage läßt sich nicht viel sagen; sie könnte vorgeschichtlich sein.
Unterhalb des nördlichen Wallendes, in den Galerien des Teufelsfelsens, befindet sich eine kleinere Hallenhöhle mit einem künstlich vertieften Raum. Um den verschütteten Gang, der in die Tiefe führt, ist eine Sage entstanden. Demnach soll dieser Gang bis zur Kirche St. Ursula geführt haben, heute ein landwirtschaftliches Anwesen, etwa 500 Meter entfernt auf der Hochfläche.

Hinweise: Aus dem Steinbruch Jachenhausen stammt die Versteinerung des kleinsten, nur katzengroßen Dinosauriers der Welt. Das Original befindet sich seit 1866 in der Paläontologischen Staatssammlung in München, ein Abguß im Museum Kelheim.
Auf dem Dieterzhofener Berg liegen mindestens drei Gruppen von Grabhügelfeldern mit etwa 30 Hügeln über die ganze Hochfläche verteilt.

16 RINGWALL BEI OTTERZHOFEN

Von Riedenburg zunächst Richtung Hemau bis Jachenhausen, dort am nördlichen Ortsausgang nach links abbiegen. Vom nördlichen Ortsrand von Otterzhofen etwa 1,5 Kilometer in Richtung Thonlohe fahren (Wanderweg K), dann am Waldrain rechts (P). Rechts ca. 100 Meter dem Feldweg folgen, dann nach links in den Wald hinein auf die höchste Erhebung zu. Nach ca. 350 Metern stößt man auf den hier liegenden Ringwall.

Auf der nach Nordwesten vorspringenden Zunge befindet sich ein Ringwall mit sehr unregelmäßigen Wallresten, der ein unruhig geformtes Areal von 100 Metern Länge und 55 Metern Breite umschließt. Zum Teil sind die Wallreste (mit Bruchsteinfüllung) noch zwei Meter hoch und weisen eine verflachte Breite von ca. 15 Metern auf. An der nordwestlichen Seite befindet sich eine Lücke von vier Metern Breite zum Hangabfall hin, vielleicht ein ehemaliges Tor. Schuttkegel auf dem höheren Teil des Areals und dolinenartige Gruben gestalten die ganze Anlage sehr unruhig, ohne daß Spuren einer Innenbebauung erkennbar wären.

17 VIERECKSCHANZE VON PELLNDORF

Anfahrt wie bei (16) bis Thonlohe. Von der Ortskirche aus die nach Norden führende Straße wählen. Nach ca. 500 Metern beginnt der Wald (P), nach weiteren 500 Metern links einem Forstweg folgen, der mitten durch die Schanze führt.

1300 Meter nördlich von Thonlohe liegt in der Flur Römerschanze die gut erhaltene keltische Viereckschanze in leicht nach Westen geneigtem Waldgelände. Bei 83 mal 76 Metern Seitenlänge sind die Wälle noch bis 1,3 Meter hoch und die Gräben bis zu 1,2 Meter tief. Das Tor befindet sich auf der Südseite.

18 BURGEN VON RIEDENBURG

In der Ortsmitte von Riedenburg die ausgeschilderte Fahrstraße zur Rosenburg in der Bergsenke hochfahren. Auf halber Höhe führt beidseitig der mit 1 markierte Weg zu allen Burgen (P). Zur Burg Tachenstein geht man rechts (in nördlicher Richtung) in Serpentinen den Fußweg bis zur Ruine. Links bzw. südlich der Fahrstraße führt der Weg 1 auf die Rosenburg und vorher abzweigend zur darunter liegenden Ruine Rabenstein. Man kann auch zur Rosenburg fahren und von dort die etwas unterhalb liegende Burgruine Rabenstein erreichen.

Über der Stadt Riedenburg thronten einst drei Burgen: Rabenstein und Tachenstein, längst zu Ruinen verfallen, und in der Mitte die erhalten gebliebene Rosenburg.
Die älteste der drei Burgen dürfte Rabenstein sein, vielleicht eine karolingische Gründung. Die kleine, annähernd rechteckige Anlage auf einem schroffen Felsen etwas unterhalb der Rosenburg bestand aus einer Vor- und einer Hauptburg,

Ringmauer umgeben. In der tiefer gelegenen Vorburg sind noch Teile der Ringmauer erhalten. Die Oberburg bestand nur aus einem kleinen Wohn- und Wehrturm, der heute noch einige Meter hoch ist. Sein Eingangstor, das früher nur über eine Leiter zu erreichen war, ist längst vermauert. Wann sie zerstört wurde, ist nicht bekannt.
Durch einen Taleinschnitt getrennt, liegt auf dem nördlichen Höhenrücken die Burgruine Tachenstein. Die kleine Burganlage dürfte wohl zu Beginn des 13. Jahrhunderts erbaut worden sein. Gegen das Hinterland war sie durch einen kräftigen Abschnittswall abgetrennt. Links am Eingang steht noch der 16 Meter hohe Bergfried mit einem quadratischen Grundriß von sieben Metern Seitenlänge. An der Felsspitze, dort wo die Mauer von der Stadt heraufzog, befand sich ein rundbogiger Einlaß, heute zugemauert. Große Teile der Anlage wurden Ende des 19. Jahrhunderts neu aufgemauert.
Um 1560 bezeichnet Philipp Apian in seiner topographischen Aufnahme von Bayern Rabenstein und Tachenstein bereits als baufällig und ruinös, zu einer Zeit, als die Rosenburg verstärkt und die heute noch stehenden Wohngebäude neu gebaut wurden. Der Kern der Anlage mit romanischen Baustrukturen dürfte in der zweiten Hälfte des 12. Jahrhunderts entstanden sein, wovon Teile einer inneren, 1,25 Meter dicken Umfassungsmauer und die Reste des noch etwa 10 Meter hoch erhaltenen Bergfrieds zeugen.
Heute beherbergt die Rosenburg den Landesjagdfalkenhof mit Falknereimuseum (geöffnet von Mai bis Oktober täglich 9–17 Uhr, in der übrigen Zeit montags geschlossen). Täglich außer montags finden um 15 Uhr Vorführungen mit Greifvögeln statt (für Gruppen auch nach Vereinbarung), dem mittelalterlichen Symbol für den ungebundenen und seiner Freiheit stolz bewußten Ritter. Zu ihnen zählten auch die beiden Minnesänger aus dem Geschlecht der Riedenburger, der „burcgrave von Regensburc“ und der „burcgrave von Rietenburc“, die in die Literaturgeschichte eingegangen sind (Manessische Liederhandschrift 1310 bis 1330).

Abb. 26 Grabhügelgruppe bei Buch (19)

Abb. 27 Riedenburg mit seinen drei Burgen: Rosenburg, Rabenstein und Tachenstein (18)

Hinweise: Hinter der Rosenburg auf der höchsten Erhebung der Albhochfläche Richtung Grub stößt man im Ödland auf 24 kleinere, aber deutlich sichtbare Grabhügel mit bronzezeitlichem Inventar. Von hier aus hat man eine schöne Sicht auf das Altmühltal und die Rosenburg.
In Riedenburg gibt es auch ein Kristallmuseum, geöffnet von April bis Oktober täglich 10 – 17 Uhr und nach Vereinbarung (Tel. 09442/1811, 1366, 1447)

19 GRABHÜGEL BEI BUCH

Von Riedenburg aus nach Süden ins Schambachtal fahren, vor dem Ort Schambach nach links in Richtung Buch. Oder: von der Altmühltalstraße von Nußhausen über die Brücke nach Einthal und weiter nach Buch fahren. Am westlichen Ortsrand von Buch führt in westsüdwestlicher Richtung ein befestigter Weg auf ein zusammenhängendes Waldstück zu (ca. 700 Meter), wo sich ein Grabhügelfeld befindet.

An der Basis einer breiten Zunge der Albhochfläche, die nach Westen in das Schambachtal steil abfällt, liegt ein eindrucksvolles Gräberfeld mit 45 Grabhügeln. Von ihnen können 10 als sehr groß und stattlich, neun als mittelgroß bezeichnet werden. Vier von den Hügeln sind tief getrichtert, was auf eine unsachgemäße Raubgrabung hinweist, zwei wurden um die Jahrhundertwende angegraben. Aus der Sammlung von J. Fraunholz gelangten einige wenige bronze- und hallstattzeitliche Funde in die Prähistorische Staatssammlung München, die angeblich von hier stammen sollen.

Hinweis: Beim Lintlhof befinden sich noch einige kleinere Grabhügelgruppen unmittelbar über dem Steilabfall in das Altmühltal. Von hier hat man eine schöne Aussicht auf das Altmühltal. Südlich von Buch, in Echendorf, ist ein Bauernhofmuseum Samstagnachmittag und nach Vereinbarung (Tel. 09442/2057) zu besichtigen.

20 BURGSTALL HEXENAGGER

Von Riedenburg aus nach Süden ins Schambachtal bis Hexenagger fahren, dort unterhalb des Schlosses vorbei Richtung Berghausen nach rechts abbiegen. An der kurzen rechts liegenden Stichstraße nach Ottersdorf ist ein Parkplatz (P). Von hier dem Wegweiser zur 1000jährigen Eiche an der Waldkante folgen. Etwa in der Mitte zwischen der Ecke des Hochplateaus und der Eiche befindet sich ein kleiner Laubwald. In ihn eintretend, stößt man auf den Vorwall, hangabwärts auf den Burgstall an der Ziegelleite.

Gegenüber von Schloß Hexenagger, auf der südlichen Seite des Taleinschnittes Schindergrund, befindet sich ein Burgstall. Der schmale, nach Osten vorspringende Sporn ist gegen die Hochfläche nach Westen durch einen halbkreisförmigen Wall von vier bis fünf Metern Breite und noch 1,2 Metern Höhe abgeriegelt. Etwa einen Meter tief ist der vorgelegte Graben, der wie der Wall bis an die beiden Steilhänge heranreicht. Im abfallenden Gelände folgt nach 60 Metern, dort, wo sich der Sporn verengt, ein mehr als 15 Meter breiter Halsgraben. Mit einer Tiefe von sechs Metern trennt er die Spornspitze ab, auf der der Wohnturm gestanden haben dürfte. Aufgehendes Mauerwerk ist nicht mehr vorhanden. Es könnte sich hier um den Sitz der Ottersdorfer handeln, die im frühen Mittelalter genannt werden.

Sehenswürdigkeiten: Zu Füßen des Schlosses im Ort Hexenagger die Waffen- und Hammerschmiede aus dem 15. Jh. mit intaktem Wasserrad, heute Museum (Führungen nach Vereinbarung, Tel. 09442/1386). Schloß Hexenagger befindet sich in Privatbesitz und ist innen nicht zu besichtigen. Von der mittelalterlichen Anlage haben sich erhalten: Teile der Mauer, der Stumpf des Bergfrieds und der am Eingang vorgelagerte Abschnittsgraben.

21 BURGSTALL ALTHEXENAGGER BEI TETTENWANG

Von Riedenburg aus nach Süden ins Schambachtal, dann gegenüber der Hanfstinglmühle die steile Straße in Richtung Althexenagger hochfahren. In der Kurve vor dem Waldaustritt (P). Von hier führt ein im spitzen Winkel hangabwärts gerichteter Weg direkt auf den ca. 50 Meter entfernten Burgstall zu.

Auf der Spitze eines gegen das Schambachtal abfallenden Höhenrückens, der durch Steilhänge auf zwei Seiten natürlich geschützt ist, stand einst eine Burg. Sie scheint schon sehr früh zerstört worden zu sein, denn 1341 verkaufte Abt Konrad zu Biburg bereits den „Burgstall" zu Althexenagger an Heinrich von Hautzendorf.

Zwei sehr tiefe Gräben, ein Hals- und ein Abschnittsgraben, trennen noch heute eine Fläche von 43 mal 25 Metern vom Hinterland ab. Zwischen den beiden Gräben läuft ein niedriger Wall, der Rest einer ehemaligen Mauer, die an der Südseite umbog und Schutz gegen den weniger steilen Hang bot. In der Mitte der Innenfläche ist noch ein verstürzter Haufen von Steinen mit Kalkmörtel zu finden, die Reste der Gebäude und Umfassungsmauern. Dabei handelt es sich im wesentlichen um Füllmauerwerk, das bearbeitete Steinmaterial ist längst weggeschafft worden.

Sehenswürdigkeiten: Über dem nahegelegenen Markt Altmannstein erhebt sich die gleichnamige Burgruine; von der Burg aus dem 13. Jahrhundert blieben nur der runde Bergfried und Reste des ehemaligen Wohnbaus erhalten. Der Wohnbau mit Treppengiebel entstand erst 1911. Zu besichtigen nur nach telefonischer Vereinbarung (Tel. 09446/1233, Gemeindeverwaltung).

Pfarrkirche Heilig Kreuz mit Kruzifix vom 1725 in Altmannstein geborenen Ignaz Günther, einem der bedeutendsten Bildhauer des bayerischen Rokoko. Heimatmuseum mit Schwerpunkt Leben und Werk Ignaz Günthers, geöffnet sonntags 10.30 – 12 Uhr, sonst nach Vereinbarung mit Frau Losert, Keltenstraße 8, Tel. (09446) 638.

22 BURGSTALL NEUENHINZENHAUSEN

Von Altmannstein aus weiter im Schambachtal bis Neuenhinzenhausen. Im Ort schräg gegenüber der kleinen Kirche sind in dem landwirtschaftlichen Anwesen „Im Schloß" noch Reste des ehemaligen Wasserschlosses zu sehen.

In Michael Wenings historisch-topographischen Beschreibungen des Kurfürstentums Bayern ist die Ansicht des Wasserschlosses Neuenhinzenhausen aus dem Jahr 1701 überliefert,

von dem heute nicht mehr viel erhalten ist. Am nördlichen Ufer der Schambach gelegen, sind in den landwirtschaftlichen Gebäuden einige Mauerreste miteinbezogen.
Der Kreisgraben mit einem Außendurchmesser von 500 Metern ist heute völlig aufgefüllt. Lohnend ist ein Besuch der gegenüberliegenden kleinen Kirche, in der ein Fresko die Situation des Wasserschlosses und des Ortes gut wiedergibt; der Schlüssel für die Kirche ist in Haus Nr. 2 links neben der benachbarten Gastwirtschaft zu bekommen.

23 ABSCHNITTSBEFESTIGUNG AUF DEM KESSELBERG

Sandersdorf ist auf der Straße im Riedenburger Schambachtal oder von Pondorf an der B 299 her zu erreichen. Am Ortsende von Sandersdorf Richtung Schamhaupten links von der Bundesstraße 299 abbiegen. Am Fuß des Kesselberges gelangt man nach ca. 1000 Metern zu einer Wegspinne (P).
Von hier führt der Wanderweg 10 b auf den Kesselberg. Nach ca. 100 Metern liegen rechts 7 Grabhügel. Dem Wanderweg folgend, gelangt man zur Abschnittsbefestigung, von der aus man einen schönen Blick auf Schamhaupten hat.

Das in den meisten Karten als Burgstall angegebene Geländedenkmal über dem Ort Schamhaupten gehört vom Typ her zu den Abschnittsbefestigungen, möglicherweise aus dem Frühmittelalter. Aus dem Nordhang des Kesselberges springt ein 80 Meter langes und an der Basis 80 Meter breites Plateau gegen das Schambachtal vor, das durch einen Wall mit vorgelegtem Graben abgeriegelt wird. Der Wall, der eine Trockenmauer enthält, biegt an beiden Enden nach innen ein. Die Höhe von der Grabensohle bis zur Wallkrone beträgt noch 2,5 Meter. Angeblich wurden hier im 19. Jahrhundert Waffen und Sporen gefunden.

Sehenswürdigkeit: Schloß Sandersdorf, heutige Anlage aus dem 17. Jh., befindet sich in Privatbesitz und kann nicht besichtigt werden.
Hinweis: Nordwestlich von Sandersdorf ist der Limes auf eine größere Strecke zu verfolgen (Wanderweg 10), siehe Führer „Die Römer am Limes“.

Abb. 28 Schloß Eggersberg mit dem Burgstall vorne am Steilhang (25)

Abb. 29 Hallstattzeitliche Grabhügel von Untereggersberg während der Ausgrabung 1990

24 VIERECKSCHANZE BEI PONDORF

Pondorf ist von Beilngries aus auf der B 299 sowie von Riedenburg aus zu erreichen. Südlich Pondorf nach der Kläranlage von der B 299 auf einem asphaltierten Wirtschaftsweg, der etwas vor dem Wald endet, nach Süden fahren (P). Der anschließende Feldweg führt direkt auf die schon im Wald liegende Schanze zu.

Die gut erhaltene Schanze liegt am Rande eines Höhenrückens, der gegen die Quelle des Schambachs steil abfällt. Die Anlage hat eine Seitenlänge von 80 mal 91 Metern mit einem Tor an der Ostseite. Die Wälle sind noch einen Meter hoch, die Gräben 1,3 Meter tief. In der Südwestecke befindet sich eine vermoorte Wasserstelle.

Hinweis: Nördlich der Straße von Thannhausen nach Schafshill (östlich der B 299) befindet sich ein Schürffeld mit großen unregelmäßigen Gruben und zum Teil steil aufgeschichteten Abraumhaufen, das bereits Matthias Flurl 1792 kannte. Das hier im 19. Jahrhundert abgebaute Eisenerz soll sehr ergiebig und sogar besser als das Amberger Erz gewesen sein.

25 BURGSTALL EGGERSBERG

Nach Obereggersberg gelangt man entweder von Riedenburg aus (Straße Richtung Pondorf, in Georgenbuch rechts abbiegen) oder von der Altmühltalstraße aus über die Brücke nach Untereggersberg und den Berg hinauf. Zum Burgstall fährt man in Obereggersberg am besten zum Gasthaus Waldhaus (P). Hinter dem Gasthaus führt ein gekennzeichneter Pfad (Aussicht, Kirchfelsen) zum Burgstall, von wo man einen schönen Blick auf das Altmühltal hat.

Auf einem in das Altmühltal vorspringenden Felsturm, durch einen breiten und tiefen Halsgraben vom Hinterland abgetrennt, befand sich einst die Burg Eggersberg. Heute sind nur noch die etwa vier Meter hohen Reste des Bergfrieds und des Quadermauerwerkes aus dem 13. Jahrhundert zu sehen. Im nördlichen Teil der Befestigung (Kirchfelsen genannt) steht außerdem noch die Ruine einer um 1700 erbauten Barockkapelle, die bereits 1806 größtenteils einstürzte. Die Festung Eggersberg wird erstmals 1326 genannt.

Sehenswürdigkeit: Schloß Eggersberg, Anfang des 17. Jh. erbaut, befindet sich in Privatbesitz. Konzerte und ein Restaurant in den unteren Räumen machen es zum Teil zugänglich. In einem der Wirtschaftsgebäude wird ein „Hofmark-Museum" eingerichtet.

26 ANSITZ ÜBER ALTMÜHLMÜNSTER

Von der Altmühltalstraße aus in Meihern den Main-Donau-Kanal überqueren und von Deising Richtung Thann auf die Hochfläche fahren. Kurz vor Laubhof am Transformatorenhäuschen rechts (P). Dem Weg, der in den Wald hineinführt, 100 Meter bis zur Weggabelung folgen. In der Mitte der Weggabelung, fast weglos, geradeaus gehen, dann entlang der Hangkante bis zur 200 Meter entfernten Bergnase.

Auf einer schmalen, nach Nordwesten in das Brunntal vorspringenden Bergzunge befand sich einst ein heute namentlich nicht mehr bekannter Ansitz. Im Gelände ist noch ein leicht gebogener, 1,5 Meter tiefer Graben zu erkennen, der eine Innenfläche von 25 Metern vom Hinterland abtrennt. In dem nur sieben bis acht Meter breiten Spornrücken, der eine sehr unruhige Oberfläche aufweist, könnte der Schuttkegel eines Turmes verborgen sein.

Hinweis: Die Straße von Laubhof nach Thann führt nach ca. einem Kilometer in ein kurzes Waldstück. Beiderseits der Straße liegen insgesamt 15 Grabhügel. Funde der Bronze-, Hallstatt- und Latènezeit gelangten in die Prähistorische Staatssammlung München.

27 ABSCHNITTSBEFESTIGUNG AUF DEM ROSSKOPF BEI DEISING

Von der Altmühltalstraße aus in Meihern den Main-Donau-Kanal überqueren, in Deising nach rechts auf die Hochfläche bis Zell fahren. Am östlichen Ortsrand führt ein befestigter Weg (ca. 600 m) bis zum Waldbeginn, wo sich ein Fußballplatz befindet (P). Am Waldrand entlang über Ödland zur Hangkante, an der entlang man auf den ersten Wall der Abschnittsbefestigung in der Flur „Hohe Wacht" stößt. Der verwilderte Fußpfad von Deising auf den Roßkopf ist nicht zu empfehlen.

Zwischen der Altmühl und einem Nebental, in dem der Ort Altmühlmünster liegt, springt eine Bergzunge nach Osten vor. Durch Steilhänge natürlich geschützt, wurde der Sporn gegen das Hinterland in einer Entfernung von 120 Metern durch einen sehr verflachten, halbkreisförmigen Wall abgeriegelt. Er erreicht eine Länge von 100 Metern, ist 11 Meter breit und ca. 0,5 Meter hoch. 15 Meter davon entfernt befindet sich ein Vorwall von sechs Metern Breite, dem ein drei Meter breiter Graben vorgelagert ist. Auf der Südseite ist der Graben aus dem Felsen gehauen und schließt wie die beiden Wälle direkt an den Steilhang an. Am nördlichen Ende, zum Altmühltal hin, wurde ein etwa sechs Meter breiter Streifen als Torgasse freigelassen. Was sich einmal hier befand, ist nicht genau zu sagen, wenn auch der Flurname „Hohe Wacht" einen gewissen Hinweis geben könnte; vermutlich ist die Anlage frühmittelalterlich.

Hinweise: In der Nähe des Roßkopfes beim Martlhof befindet sich ein Grabhügelfeld mit über 100 Hügeln. Auf der anderen Seite der Altmühl über dem Ort Meihern erhob sich einst die Flügelsburg (heute Jurahotel) aus dem 13. Jahrhundert, von der nur noch drei Abschnittsgräben sichtbar sind.

28 FISCHLEITENHÖHLE BEI MÜHLBACH

Mühlbach ist ein Ortsteil von Dietfurt. Die Höhle ist vom Altmühltal aus äußerst schwer zu finden. Einfacher ist der Zugang von der Hochfläche, von Schweinkofen aus. Dorthin gelangt man von der Altmühltalstraße entweder von Gundlfing über Perletzhofen oder über die Abzweigung am südlichen Ortsausgang von Mühlbach. In Schweinkofen führt am südlichen Ortsrand eine geteerte Straße (Wanderweg I) auf eine etwas erhöht liegende Straßengabel (zwischen Bäumen und einem Marterl) zum (P). An der Weggabelung rechts dem Feldweg folgen, der nach 400 Metern auf die Waldkante stößt. An ihr rechts entlang, tritt man nach ca. 300 Metern in den

Wald ein, wo der Pfad am Steilhang der Flur Fischleiten entlang führt. Vor der zweiten, in das Altmühltal vorspringenden Felsnase, muß man ca. 60 Meter den steilen und gefährlichen Abhang weglos (!) hinunter, bis man auf eine weitere Felsgruppe stößt, in der die Höhle liegt.

130 Meter über dem Altmühltal liegt am Fuße einer größeren Felsengruppe die Fischleitenhöhle. Ihr sieben Meter breiter Eingang ist nach Westen hin geöffnet, 17 Meter ist sie tief.
Ab 1917 führte Ferdinand Birkner, ein Münchner Professor, eine Reihe von Grabungen durch, von denen aber nur eine sehr allgemeine Schichtbeschreibung überliefert ist, so daß das Fundmaterial heute nur typologisch beurteilt werden kann. Zahlreiche Funde gehören dem Moustérien, also der Zeit des Neandertalers an. Dazu gehören einfache, Transversal-, Doppel- und Spitzschaber, eine Spitze, eine Doppelspitze (Typ Kartstein) und eine größere Anzahl von gekerbten und gezähnten Stücken. Der jüngere Aurignacienhorizont (35 000 – 27 000 v. Chr.), in dem sich Hoch- und Kielkratzer sowie ein Knochenspitzenfragment mit gespaltener Basis befand, belegt nur einen kurzen Aufenthalt des Menschen.

29 BURGSTALL ÜBER MÜHLBACH

In Dietfurt-Mühlbach an der Kirche vorbei zur alten Mühle. Neben dem Quelltopf des Mühlbaches (Naturdenkmal) steigt ein Weg in einem Taleinschnitt steil an. Kurz unterhalb der Hochfläche gabelt er sich. Nach rechts dem Wegweiser „Kopffelsen“ folgend, trifft man auf den Wanderweg 12, der direkt auf den Burgstall zuführt.

Über dem Ort Mühlbach springt ein kräftiger Sporn mit senkrechten Felswänden in das Mühlbachtal vor – prädestiniert für einen der vielen namenlosen Edelsitze im Altmühltal. Erhalten haben sich nur die Wallanlagen. 50 Meter vor der Spitze wurde quer über die Felszunge ein Halsgraben von vier Metern Breite und einem Meter Tiefe aus dem Felsen gehauen. In einer Entfernung von etwa 150 Metern zieht ein mächtiger, leicht gebogener Abschnittswall von einer zur anderen Steilkante.

Dem neun Meter breiten Wall mit modernen Durchstichen ist noch ein sieben Meter breiter Graben vorgelagert.
Am sonderbarsten ist jener Vorwall, der nach weiteren 200 Metern folgt. Er ist nur 50 Meter lang und steht mitten auf dem Sporn ohne Anschluß an die in einiger Entfernung befindlichen Hangkanten. Dem vier Meter breiten Wall ist ein ebenso breiter Spitzgraben vorgelegt. Die Wallhöhe beträgt vom Innenraum her einen Meter, der Graben ist noch 80 Zentimeter tief. Obwohl nur 50 Meter lang, ist in der Mitte auch noch eine Torgasse freigelassen worden; vermutlich ein unfertiges Bauwerk.

30 WOLFSBERG BEI MÜHLBACH

Am südöstlichen Ortsausgang von Dietfurt in Richtung Mühlbach. Kurz vor der Abzweigung nach Wildenstein liegt rechts am Fuße des Wolfsberges ein Picknick-Platz (P). Von hier führt eine Forststraße (Wanderweg 5) auf die Höhe an die Stelle, wo sich rechts das Zangentor in die Oberburg befindet. Man folgt am besten dem Weg nach Süden und umrundet so die Wallanlage (Dauer ca. 1 1/2 Std.).

Wie eine Insel erhebt sich der Wolfsberg zwischen Altmühl-, Mühlbach- und Laabertal. Bei einer Länge von 1800 Metern ist er maximal 100 Meter breit und erreicht eine Höhe von 140 Metern. Seine Hänge sind bis auf die Südseite steil, im Westen zur Altmühl hin sogar durch senkrechte Felsen geprägt. Trotz des zum Teil natürlichen Schutzes ist das annähernd dreieckige, 1000 Meter lange und 300 Meter breite Plateau an der Hangkante entlang von einem sogenannten Ringwall umgeben. Das Steinmaterial für den 2500 Meter langen Wall wurde auf der Innenseite entnommen, wo sich deutlich eine Mulde abzeichnet.
400 Meter vor der Nordspitze teilt ein Querwall die Befestigung in einer Unter- und Oberburg. Im Westen oberhalb der Felspartien direkt an den Hangwall anstoßend, biegt er im Osten kurz vor dem Randwall ein und läßt so eine Torgasse (Zangentor?) frei, die Einlaß gewährte in die südlich liegende Oberburg.
Auf der Ostseite führt neben dem modernen Forstweg ein zwar nicht sehr hohes, aber deutliches Zangentor in die Unterburg.

Abb. 30 Topographischer Plan des Ringwalls am Wolfsberg bei Mühlbach (30) >

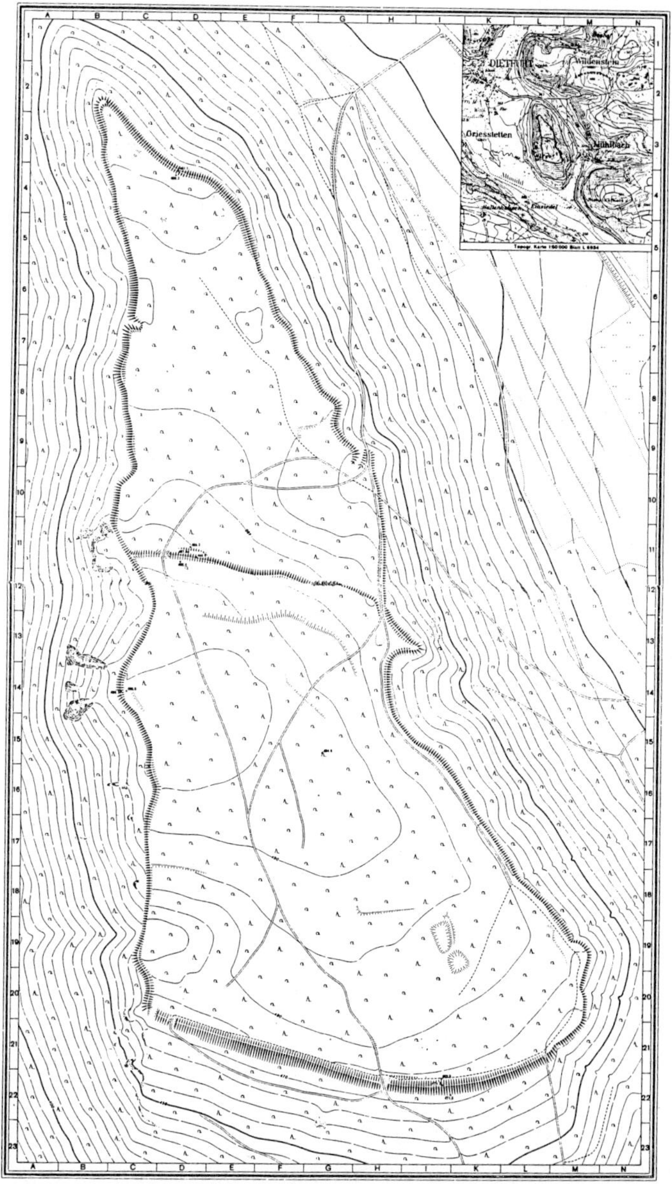
A B C D E F G H I K L M N
1 2 3 4 5 6 7 8 9 10 11 12 13 14 15 16 17 18 19 20 21 22 23
Griesstetten
Mühlbach
Einsiedel
Topogr. Karte 1:50 000

Abb. 31 Abschnittswall „Altenburg“ über Bachhaupten (31)

Abb. 32 Grabhügelgruppe im „Leberl“ bei Staufersbuch (34)

Zangentore werden gerne als Hinweis für keltische Anlagen gedeutet. Vom Wolfsberg stammen jedoch nur einige wenige Scherben, die als vorgeschichtlich anzusprechen sind und eine keltische Zeitstellung nicht unterstützen.

Hinweis: Am Südhang (Rundweg 5) und am westlichen Fuß des Wolfsberges liegen mehrere Grabhügel.

31 ABSCHNITTSWALL „ALTENBURG" ÜBER BACHHAUPTEN

Von Breitenbrunn in Richtung Parsberg auf die Hochfläche fahren. Sobald die bewaldete Hangkante aufhört, biegt man rechts ab und fährt auf dem Feldweg (nicht geteert) parallel zur Hauptstraße zum Waldrand zurück (P). Innerhalb der Waldkante verläuft bereits der Wall der Vorburg.

In Breitenbrunn mündet die Bachhaupter Laaber in die Wissinger Laaber. Zwischen dieser und einem kleinen Trockental schiebt sich eine Bergzunge nach Südosten vor, auf der sich eine umfangreiche Wallanlage befindet. Etwa 170 Meter vor der Bergspitze riegelt ein ca. 110 Meter langer Querwall mit vorgelegtem Spitzgraben den Bergsporn ab. Er biegt beidseitig an den Hangkanten nach innen ein.
Gegen die Hochfläche schließt sich noch eine Art Vorburg an, in einem rechteckigen Waldstück gelegen. Sie scheint nicht gleichzeitig mit der vorderen Anlage errichtet worden zu sein. Deutlich abgesetzt vom Hauptwall befindet sich an der steileren Ostseite ein etwa 12 Meter von der Hangkante eingerückter Randwall, der eine Berme (Rand zwischen Wall und Graben, um ein Abrutschen der Erde vom Wall zu verhindern) freiläßt. An der Nordseite biegt er um und zieht als Querwall mit Graben von 125 Metern Länge hinüber zum beginnenden Trockentälchen. Etwa in der Mitte des Querwalls lassen Steinreste an das Fundament eines Turmes denken. Möglicherweise stammt diese Anlage aus dem frühen Mittelalter.

Hinweis: Über Breitenbrunn liegt die Burgruine Breitenegg, von der noch der Halsgraben, Teile der Ringmauer und des mächtigen Bergfrieds aus der Zeit um 1200 erhalten sind. 1624 schenkte Maximilian I. die Herrschaft Breitenegg seinem siegreichen Feldherrn Graf Tserklas von Tilly. Heute befindet sich ein landwirtschaftliches Anwesen innerhalb der Ringmauer.

32 BURGSTALL „SCHANZ" BEI BUCH

Von der Straße Breitenbrunn-Parsberg rechts abbiegen und in Richtung Buch fahren. Nach Erreichen der Hochfläche erscheint links ein landwirtschaftliches Anwesen. Vor diesem links einbiegen und nach 70 Metern wiederum links fahren. Der befestigte Weg führt direkt auf den Parkplatz eines Pfadfinderlagers (etwa 200 m) zu (P). Dem Feldweg folgt man bis zum abfallenden Gelände, dann rechts an der Hangkante entlang, wo nach wenigen Metern die Abschnittsbefestigung deutlich zu sehen ist.

Nordwestlich von Buch springt ein extrem schmaler Felsgrat mit senkrechten Wänden auf einer Länge von rund 60 Metern nach Westen in das Tal der Bachhaupter Laaber vor. 140 Meter vor der Felsenspitze wird dieser Sporn durch einen 10 Meter breiten Wall vom Hinterland abgetrennt. Leicht gewölbt ist der Wall 1,8 Meter hoch und wird von einem neun Meter breiten und 1,5 Meter tiefen vorgelegten Graben begleitet. Während das Wall-Graben-System im Süden an den Steilhang anschließt, läßt es im Norden zwei Meter vor dem Abgrund eine Torgasse frei. Im Wall sind noch deutlich Steineinbauten zu erkennen, die an eine verstürzte Mauer denken lassen. Ein zweiter, sehr schwacher Graben liegt kurz vor dem Felsgrat und begrenzt so von Westen her eine etwa 80 Meter lange, dreieckige Innenfläche, die heute völlig eben ist.

33 GRABHÜGELFELD HOHENBÜGL BEI DÜRN

Von Dietfurt aus Richtung Breitenbrunn und entweder nach Premerzhofen abbiegen und weiter nach Dürn oder von Breitenbrunn aus in nordwestliche Richtung fahren. Am nördlichen Ortsausgang von Dürn in Richtung Breitenbrunn nach links dem gekennzeichneten Forstweg (Wanderweg 7) nach Waldhof und Hohenbügl ca. 1700 Meter folgen bis zum Anwesen Hohenbügl (P). Nach rechts etwa 300 bis 400 Meter auf dem Waldweg in nordöstliche Richtung bis zum rechterhand gelegenen, wegen Dickicht und Jungholz nicht sehr übersichtlichen Grabhügelfeld.

Opfer unwissenschaftlichen Grabungen in den Jahren 1890 und 1891 wurde dieses Grabhügelfeld Hohenbügl, das in den Museen in München, Nürnberg und Berlin unter „Gimpertshausen" läuft. Zahlreiche Fundstücke der Bronze-, Hallstatt- und Latènezeit dürften von hier stammen. 107 Hügel liegen zum Teil im unübersichtlichen Jungholz auf der sanft nach Süden geneigten Albhochfläche gegen das Wissinger Laabertal. Sie sind auf einer Fläche von 150 mal 100 Metern dicht gedrängt, sehr oft sogar aneinander gebaut. 31 Hügel können aufgrund ihres Durchmessers von etwa 25 Metern und einer Höhe von 2,5 Metern als Tumuli bezeichnet werden. Etwa 30 Grabhügel sind mittelgroß, die übrigen klein. Rund ein Drittel ist von oben abgegraben, d. h. getrichtert, drei sind von der Seite angegraben.

Hinweis: Etwas südöstlich von Dürn, kurz vor der Hangkante zur Wissinger Laaber über Breitenbrunn (Rundweg 1), liegt bereits das nächste Gräberfeld mit 10 stattlichen Hügeln.
Noch weiter südlich, ebenfalls auf der Hochfläche, folgt östlich von Premerzhofen eine weitere Grabhügelgruppe von 10 Hügeln der Bronze- und Hallstattzeit.

34 GRABHÜGELFELD IM LEBERL BEI STAUFERSBUCH

Staufersbuch ist von Dürn (siehe 33) her zu erreichen bzw. von Holnstein. Etwa 1000 Meter vom südöstlichen Ortsrand von Staufersbuch entfernt (P) biegt ein Forstweg südlich zum Wald ab. Am Waldrand entlang stößt man direkt auf das kleine Waldstück „Leberl", in dem sich das Grabhügelfeld befindet.

Auf der sanft geneigten Albhochfläche zur Weißen Laaber befindet sich am Ende einer Randmulde und neben einem Wasserloch ein Grabhügelfeld mit 43 sehr eindrucksvollen großen Grabhügeln. 23 von ihnen haben einen Durchmesser, der zwischen 15 und 35 Metern liegt bei einer Höhe von 1,2 bis 2,2 Metern. Die restlichen 20 Hügel besitzen nur einen Durchmesser von neun Metern bei 60 Zentimeter Höhe. 1890 und 1893 wurden 16 Grabhügel unsachgemäß ausgegraben (Trichter!). Hallstattzeitliches Material, aber auch einige bronzezeitliche und latènezeitliche Funde sollen von hier stammen. Welche Hügel nun in die Bronzezeit und welche in die Hallstattzeit gehören, läßt sich nicht mehr rekonstruieren. Die latènezeitlichen Gegenstände dürften aus Nachbestattungen herrühren.

35 HÖGELBERG BEI HOLNSTEIN

Am westlichen Ortsrand von Staufersbuch (Zufahrt siehe 34) führt in südwestlicher Richtung eine völlig gerade befestigte Straße auf das Forsthaus vom Högelberg zu (P). Gleich hinter dem Forsthaus, ca. 50 Meter vom Waldrand entfernt, liegt rechts eine Gruppe von vier großen bronzezeitlichen Grabhügeln, die alle getrichtert sind. Links der Forststraße auf der höchsten Kuppe sollen weitere 34 Grabhügel liegen. Zur Abschnittsbefestigung wählt man die vom Forsthaus kommende, gerade weiterführende Straße, bis nach gut 1000 Metern rechts ein Forstweg nach Westen abbiegt und nach ca. 400 Metern die Wallanlage durchstößt. Rechts des neuen Weges verschwindet der Wall in einem schwer bis gar nicht zugänglichen Dickicht. Den Rundgang beginnt man am besten links, wo der gut ausgebildete Wall auf den südlichen Steilhang zuführt. Oder: Man wählt den Wanderweg 2 vom Holnstein aus. Steiler Aufstieg! Der Weg tangiert den Wall und führt auf die erwähnte Forstraße.

Der nach Westen vorspringende Högelberg wird in einer Schleife von der Weißen Laaber umflossen. Durch eine etwa 500 Meter zurückliegende Einschnürung ist der vorderste Teil gegen das Hinterland etwas abgesetzt. Hier, an der engsten Stelle, befindet sich ein rund 700 Meter langer Abschnittswall, der das ganze Plateau umrandet mit Ausnahme der Südseite. Wegen des starken Walddickichts ist er leider nicht in völliger Länge zu umrunden. Am besten zeigt er sich in seinem südlichen Teil, der auf die Hangkante zuläuft. In diesem Bereich ist der Wall etwa acht Meter breit und von innen her noch einen

Abb. 33 Wallanlage des Burgstall über Holnstein (36)

Abb. 34 Topographischer Plan des Burgstalls über Holnstein (36)

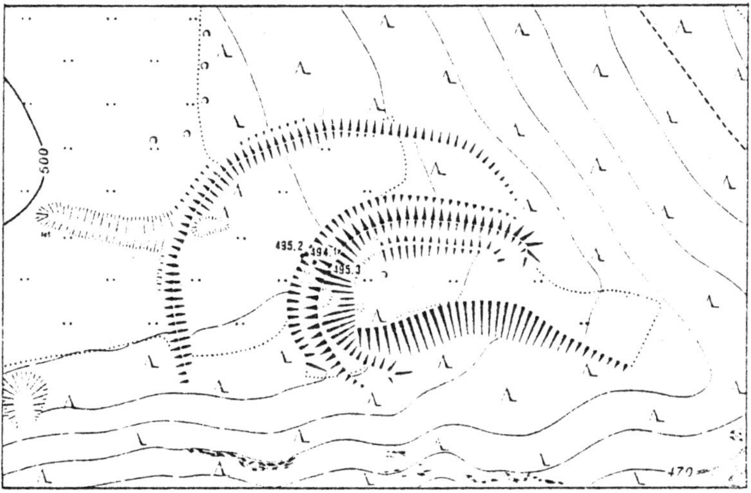

Meter hoch. Auf der Nordseite geht er erst in einen flachen Randwall, anschließend in eine künstlich verstärkte Hangkante über. Hier führt auch ein alter Weg auf das Plateau, der als zwei Meter breite Gasse aus dem Felsen gehauen wurde. Nach ca. 280 Metern biegt der Wall Richtung Süden um. Diese Nordostecke ist deutlich ausgeprägt, doch dann verschwindet der Wall im nicht mehr begehbaren Dickicht.
Die ältere Forschung hielt diese Anlage für frühmittelalterlich, neuerdings wird sie als vorgeschichtlich angesehen.

36 BURGSTALL ÜBER HOLNSTEIN

Holnstein ist von Berching her zu erreichen, von Beilngries und Dietfurt her über die Hochfläche. Zum Burgstall auf dem Bäckerberg steigt man am besten in der Nähe der Kirche beim Haus Nr. 60 rechts einen Feldweg (Wanderweg 4) hoch, der an einem Trafo-Häuschen vorbei auf die Höhe führt. Rechts an der Hangkante entlang zur nach Osten weisenden Bergspitze gehen; schon nach ca. 300 Metern stößt man auf die Vorburg des Burgstalls.

Das Geschlecht der Holnsteiner wird in den Urkunden des Klosters Plankstetten im 12. und 13. Jahrhundert erwähnt. Von der mittelalterlichen Burg stehen heute noch unbedeutende Reste nördlich und östlich der Kirche, hinter der Apsis Teile des Bergfrieds.
Über dem Ort Holnstein liegt der Bäckerberg, der nach Osten in das Tal der Weißen Laaber vorspringt. Etwa 100 Meter vor der Spitze riegelt ein vier bis fünf Meter breiter Abschnittswall halbkreisförmig das Areal ab. Ihm ist ein gleichbreiter Graben vorgelegt. Von der Grabensohle bis zur Wallkrone ergibt sich eine Höhe von 1,6 Metern. Wie bei der Ödenburg (39) schließen Wall und Graben auf der Südseite an den Steilhang an, während sie auf der Nordseite 15 Meter vor der Hangkante umbiegen und parallel zum Hang verlaufend eine Torgasse bilden. Rund 20 bis 30 Meter davor verläuft – etwa parallel und die Hangkante verstärkend – ein Wall mit einem stark verflachten vorliegenden Graben.

Hinweis: Zur Schanze bei Wegscheid verläßt man Holnstein in Richtung Beilngries. Die Straße führt wieder auf die Hochfläche, wo sich rechts ein Wanderparkplatz befindet. Schräg gegenüber des Parkplatzes vor dem Steilabfall eines Tälchens befindet sich unter der Kieferngruppe der südliche Teil einer Befestigungsanlage.

37 GRABHÜGELFELDER ZWISCHEN MUTTENHOFEN UND STAADORF

Muttenhofen ist von Dietfurt aus über Premerzhofen-Eismannsberg zu erreichen, Wimpasing auch von Breitenbrunn über Dürn. Etwa 300 Meter nach dem nordwestlichen Ortsende von Muttenhofen berührt die Straße ein links liegendes Waldstück (P). Unmittelbar neben der Straße am leicht abfallenden Hang befindet sich, vor allem in der Schonung (Neupflanzung), das südlichste Grabhügelfeld.
Nur 150 Meter entfernt in westnordwestlicher Richtung liegt eine weitere Grabhügelgruppe. Ca. 500 Meter weiter nördlich in Richtung Wimpasing führt die Straße an einem Waldstück entlang, von der aus das Grabhügelfeld zu sehen ist.

Eine Reihe Grabhügelfelder liegen wie Perlen auf einer Schnur am Rande der Albhochfläche, die von der Weißen und der Wissinger Laaber durchschnitten wird (siehe 33). Das nördlichste der drei erwähnenswerten Gräberfelder an der Weißen Laaber liegt am Rande einer steil in die Hochfläche einschneidenden Mulde. Von insgesamt 23 Hügeln können 12 als mächtig bezeichnet werden, während der Rest klein bis verflacht ist. Alle sind angegraben. Hallstattzeitliche Funde mit der Ortsbezeichnung „Wimpasing" könnten von hier stammen.
Das südlichste Gräberfeld mit mindestens 19 Hügeln liegt nahe bei Muttenhofen hart am Rande des Steilabfalls zum Tal der Weißen Laaber. Die Hügel, unter denen sich auch ein Doppelhügel befindet, sind klein bis mittelgroß und zur Hälfte getrichtert. Sie haben einen Durchmesser von sieben bis 11 Metern und sind zum Teil noch einen Meter hoch. Funde der Bronze-, Hallstatt- und Latènezeit sollen von dieser Nekropole kommen.

Etwas nordwestlich davon liegt eine dritte Grabhügelgruppe mit kleineren Hügeln am sanft geneigten Hang. Bronzezeitliche Funde, die 1897 und 1898 der Staatssammlung München unter der Bezeichnung „Staadorf“ übergeben wurden, könnten von hier, aber auch von den beiden anderen Gräberfeldern stammen. Durch die Arbeitsweise von J. Naue, einem Historienmaler und Laienforscher, ist heute nicht mehr feststellbar, von welchem Gräberfeld welche Funde stammen oder ob sie mit fremden Inventaren vermischt wurden.

38 BURGSTALL ALTENBURG IN OBERBÜRG

Von Dietfurt aus in nördlicher Richtung nach Hainsberg fahren, von dort weiter auf der Hochfläche nach Oberbürg. Durch den Ort fahren und in östlicher Richtung in die Sackgasse bis zum Anwesen Haus Nr. 1.

An der Stelle des Burgstalls Altenburg steht heute ein Bauernhof mit einer Wiese und Obstbäumen. Interessant ist lediglich die Topographie, denn wiederum wurde eine in das Tal der Weißen Laaber vorragende Bergnase durch einen halbkreisförmigen Graben gegen das Rückland abgesichert. Schwache Reste sind davon noch erhalten, ebenso wie eine Stützmauer aus Quadern am Berghang.
Als Minsteriale von Hirschberg werden die Schenken von Altenburg vom 12. bis ins 14. Jahrhundert genannt.
Bereits 1414 wird die Altenburg als „so verfallen“ bezeichnet, daß „sie keiner Burghut mehr bedürfe“. Im 17. Jh. entstand Schloß Altenburg, heute in den Bauernhof integriert.

39 BURGSTALL ÖDENBURG BEI HAINSBERG

Am östlichen Ortsende von Hainsberg (von Dietfurt aus in nördlicher Richtung zu erreichen) auf den Waldrand zufahren (P). Dort trifft man auf den Rundweg 3. Bereits nach ca. 50 Metern stößt man im Wald unmittelbar auf einen Abschnittswall, dem dann der Burgstall folgt.

Auf einer weit in das Tal der Weißen Laaber nach Osten vorspringenden Bergzunge befindet sich der Burgstall Ödenburg. Bereits 100 Meter vor der Spitze riegelt ein schwacher Wall mit vorgelegtem Graben in einer Breite von 100 Metern den Sporn gegen das Hinterland ab. Während der Wall im Süden an den Steilhang anschließt, biegt er im Norden fünf Meter vor dem Abfall auf eine Länge von 12 Metern nach innen ein und bildet somit eine Torgasse. Der Durchbruch in der südlichen Hälfte ist dagegen ein moderner Einschnitt.
Nach etwa 40 Metern folgt ein aus dem Fels gehauener Halsgraben, der im Süden als Spitzgraben, im Norden als Sohlgraben ausgebildet ist. Eine Erdbrücke überspannt den 14 Meter breiten Graben und führt auf die stark zerfallene Ruine zu.
1150 tauchte urkundlich das Geschlecht Hainsberg auf, um 1166 wurde ein Chonrad von Oedenburc erwähnt, danach verliert sich die Spur. Die Burg dürfte bereits sehr früh verfallen sein.

40 BURGSTALL BEI MALLERSTETTEN

In Dietfurt Richtung Mallerstetten in einem Trockental zum ausgeschilderten Schwimmbad fahren; an der Auffahrt zum Bad (P). Gegenüber dieser Abzweigung beginnt der steile Anstieg zur Hochfläche, auf der man, nach Osten gewandt, auf einen Abschnittswall stößt.

Westlich von Dietfurt befindet sich auf einer aus der Albhochfläche nach Südosten vorstoßenden Bergzunge ein Burgstall. Wenn auch urkundlich nichts über ihn bekannt ist, so hatte er verkehrsgeographisch gesehen eine wichtige Position, da von hier aus das gesamte Dietfurter Becken zu überblicken ist. 75 Meter vor der Bergspitze riegelt ein acht Meter breiter Wall in einer Länge von ca. 35 Metern eine dreieckige Plattform gegen das Hinterland ab. Ihm vorgelagert ist ein ca. vier Meter breiter Graben. Von der Grabensohle bis zur Wallkrone sind noch 1,8 Meter Höhe zu messen. Die künstlich erhöhte Innenfläche wird von einem schwachen Randwall begleitet; die Steilhänge bieten einen natürlichen Schutz.

Hinweis: Auf der Hochfläche nördlich von Dietfurt und östlich von Mallerstetten (zwischen Wanderweg 1 und 2) befinden sich drei Grabhügelgruppen mit nicht sehr deutlich ausgeprägten Hügeln.

41 PRÄHISTORISCHE SAMMLUNG DIETFURT A. D. ALTMÜHL

Im Stadtzentrum von Dietfurt, im sogenannten Hollerhaus, Pfarrgasse 6. Eröffnung 1992/93, Öffnungszeiten Tel. (08464) 1715 (Stadtverwaltung).

Das Dietfurter Becken gehört zu jenen Kleinregionen des Altmühltals, die von der Altsteinzeit bis ins Mittelalter von Menschen aufgesucht und bewohnt wurden. In einem weiten Talgrund vereinigen sich hier das Altmühl-, das Laaber- und das Ottmaringer Trockental. Verkehrsgeographisch spielte des letztgenannte eine bedeutende Rolle, das es die kürzeste Verbindung von der Donau über die Altmühl zum nach Norden führenden Sulztal darstellt. Auch im 19. Jahrhundert legte man den Ludwig-Donau-Main-Kanal durch dieses Tal, heute folgt der Main-Donau-Kanal dieser Trasse.
Bauvorgreifende Ausgrabungen im Bereich des Europakanals erbrachten im westlichen Dietfurter Becken ein ausgedehntes Siedlungsareal (mit Friedhöfen), das eine Siedlungskontinuität von der Bronzezeit bis in die frühe Latènezeit (1600 – 400 v. Chr.) aufwies. Hallstattzeitliche Grabhügelfelder reihten sich fast lückenlos aneinander bis nach Beilngries. Südlich von Dietfurt, in Griesstetten, konnte die erste umfangreiche Siedlung der Chamer Gruppe (3200 – 2300 v. Chr.) mit Hausgrundrissen ausgegraben werden.
Über die Siedlungsgeschichte dieser kleinen Landschaftseinheit informiert die Prähistorische Sammlung in einem renovierten typischen Altmühltalhaus. Themen der Ausstellung sind außerdem der Bau des Main-Donau-Kanals, die Entstehung des Alt-

mühl- und des Ottmaringer Trockentals sowie eine allgemeine Information zur Geologie und Paläontologie Deutschlands (Privatsammlung Hoffmann).

Sehenswürdigkeiten: Dietfurt, Kleinstadt mit typisch altbayerischem Charakter mit Rathaus (17. Jh.), St. Aegidius-Kirche (Barock, mit Werken von Ignaz Günther und Loy Hering), Franziskanerkloster von 1665 (heute Meditationszentrum), Kalvarienberg.
Griesstetten, südlich von Dietfurt, Wallfahrtskirche St. Martin (1740-1747), Wallfahrt zu den Drei Elenden Heiligen Marinus, Zimius und Vimius.
Töging, von der gotischen Schloßanlage ist der östliche Bautrakt erhalten, am Ortseingang steht noch der ehemalige Zehentstadel.
Ottmaring, von den beiden 1614 noch abgebildeten, heute nicht mehr vorhandenen Schlößchen konnte eines in größeren Ausgrabungsmaßnahmen untersucht werden.

42 ARZBERG BEI DIETFURT A. D. ALTMÜHL

Von Dietfurt auf der Altmühltalstraße nach Töging fahren, dort vor der Kirche nach rechts abbiegen bis zum Parkplatz am westlichen Ortsrand (P Lehrpfad). Auf der Höhe des Arzberges führt der Rundweg 11 bis Beilngries. Westlich des Pfennighofs durchquert man dabei einen nicht sehr hohen Abschnittswall.
Aber bereits am östlichen Arzberg befinden sich auf der Hochfläche kurz vor dem Steilabfall drei Grabhügelgruppen. Beim Eichelhof in südlicher Richtung (mit dem Lehrpfad) in den Wald, das Plateau umrundend, trifft man auf zwei Grabhügelgruppen mit 6 und mit 20 Hügeln, die im dichten Holz kaum ausfindig zu machen sind. Die dritte Grabhügelgruppe mit 6 Hügeln liegt nordöstlich des Eichelhofs an den Eichelhöfer Hängen (Weg 28).

Als langgestreckter Rücken reicht der Arzberg - dessen Name nicht vom „Erz“ stammen soll - vom Dietfurter bis zum Beilngrieser Becken, im Süden von der Altmühl, im Norden vom Main-Donau-Kanal begleitet.
Im Gegensatz zur starken Talbesiedlung weist der wasserlose und steinige Arzberg kaum Besiedlungsspuren auf, nur einen Abschnittswall, dessen Anlage völlig unklar ist. Etwa in der Höhe von Kottingwörth wird der Inselberg auf etwa 100 Meter

eingeschnürt. Aber bereits vorher teilt ein etwa 200 Meter langer Querwall den Arzberg. Bei nur 30 bis 50 Zentimetern Höhe ist er auf eine Breite von 18 Metern verflacht. Da er keinen Graben besitzt, kann es sich kaum um ein Verteidigungswerk handeln; es fehlt auch ein Gegenwall. Auffällig sind die alten Grenzsteine auf seiner höchsten Erhebung, die unterschiedliche Fluren trennen. Eine Flurgrenze also?

43 WASSERBURG GRÖGLING

Von der Altmühltalstraße Beilngries-Dietfurt nach Grögling abbiegen. Unmittelbar hinter der Altmühlbrücke liegt recht die Kirche St. Johannes und Paulus vom Ende des 18. Jahrhunderts. Hinter der Kirche, direkt an der Altmühl, befindet sich der Burgstall.

Von der ehemaligen Wasserburg Grögling am südlichen Ufer der Altmühl erhebt sich heute nur noch ein unregelmäßiger Erdhügel von etwa 35 Metern Durchmesser, rund drei Meter hoch. Der Ringgraben, einst von der Altmühl gespeist, ist nur noch andeutungsweise vorhanden, da er fast vollständig aufgefüllt wurde. Wenn auch oberirdisch nicht mehr allzuviel zu sehen ist, so hat dieser idyllische Ort doch eine bedeutende Geschichte: Hier stand einst die Burg der späteren Grafen von Hirschberg, die sich bis 1205 Grafen von Grögling, Dollnstein und Ottenburg nannten. Erstmals erwähnt wird der Ort 1098 mit Altmann von Grögling.

44 BEFESTIGUNGSANLAGE ÜBER KOTTINGWÖRTH

Von Beilngries nach Süden auf der B 299 fahren. Am Ortsbeginn von Paulushofen in der Kurve nach Osten zum Sportplatz abbiegen (P). Am Sportplatz vorbeigehend, stößt man bereits nach ca. 100 Metern auf den ersten Abschnittswall der Befestigung.
Oder: Zu Fuß von Kottingwörth in südlicher Richtung über die Altmühl auf die bewaldete Bergzunge zu, wo ein steiler Weg auf die Anhöhe zur Anlage führt. Der Wanderweg 40 läuft allerdings etwas südlich am Burgstall vorbei.

Im Mittelalter führte die Nord-Süd-Verbindung Neumarkt-Landshut bei Kottingwörth in einer Furt über die Altmühl – eine wichtige Straße, die der heutigen, etwas westlicher verlaufenden Bundesstraße 299 entsprach. Sie lief in einem Trockental auf die Hochfläche hinauf. Auf der ins Altmühltal vorspringenden Bergnase befand sich einst eine Befestigungsanlage, von der aus dieser wichtige Verkehrsweg gut zu kontrollieren war. Heute ist allerdings nichts mehr von davon erhalten. Das etwa 95 Meter lange Zungenstück, von einem Randwall begleitet, wird mit einem 65 Meter langen Abschnittswall abgeriegelt. In einer Entfernung von rund 37 Metern folgt diesem ein zweiter Abschnittswall, nach weiteren 55 Metern ein dritter. Dieser äußerste Wall ist ca. 90 Meter lang und läßt nur am nördlichen Steilhang einen Weg frei. Ihm ist außerdem noch ein Graben als zusätzliches Hindernis von der Hochfläche her vorgelegt.

Sehenswürdigkeit: Wehrkirche St. Vitus in Kottingwörth, 1183/88 erstmals erwähnt; im Ostturm sind in der Vituskapelle die kunsthistorisch wertvollen Fresken von 1270 erhalten.

45 GRABHÜGELFELDER UM PAULUSHOFEN

Von Beilngries auf der B 299 nach Süden bis Paulushofen. Am nördlichen Ortsbeginn bei dem Transformatorenhäuschen in westlicher Richtung durch die Neubausiedlung Im Haar fahren (P). Der anschließende Feldweg (Wanderweg 40) führt auf den 1200 Meter von der Kirche entfernten Waldrand zu. Gleich nach Eintritt in den Wald liegt rechterhand das große Grabhügelfeld in der Flur Im Haar. Weitere Grabhügel liegen in den Fluren Hierllohe und Birklach. Dazu vor dem südlichen Ortsende von Paulushofen (Richtung Amtmannsdorf) an einem älteren Transformatorenhäuschen links auf den Wanderweg 40 abbiegen (P). Die Straße führt auf den Wald zu. Kurz nach Waldbeginn liegen bereits linkerhand die ersten Grabhügel in der Flur Hierllohe (noch vor dem Punkt Heiligenfels). Folgt man der Forststraße weiter nach Osten, so kommt nach ca. 400 Metern auf der höchsten Erhebung das Grabhügelfeld in der Flur Birklach, das sich beiderseits der Straße erstreckt.

Am Rande der gesamten Albhochfläche, die bei Beilngries von der Altmühl zunächst im Westen, dann im Norden umflossen wird, stößt man auf eine der größten Ansammlungen von Grabhügeln im Verlauf des Altmühltals.
An das Irfersdorfer Gräberfeld im Mantlacher Forst schließen sich eine Reihe von kleineren Grabhügelgruppen an. Westlich von Paulushofen in der Flur Im Haar trifft man auf ein Grabhügelfeld mit mindestens 57 Hügeln, direkt über dem Steilhang der Altmühl gelegen. Es setzt sich aus neun sehr großen und imposanten, 19 mittelgroßen und 29 kleinen Hügeln zusammen, die größtenteils getrichtert sind. Möglicherweise gehen die „Grabungen" zum Teil schon auf das Jahr 1791 zurück. Die spärlichen Funde – auch von späteren Grabungen – gehören der Bronzezeit an.
Östlich von Paulushofen setzen sich die Grabhügelgruppen fort. In der Flur Hierllohe liegen unmittelbar über dem Steilabfall ins Altmühltal, jedoch zum Teil auch auf dem stark geneigten Hang, 45 unterschiedlich große Grabhügel. Darunter befinden sich einige, die eine Höhe von zwei Metern und einen Durchmesser von 20 Metern erreichen. Gut die Hälfte der Hügel ist getrichtert, also in raubgräberischer Absicht geöffnet worden. Ob die Funde der Bronze- und Hallstattzeit in verschiedenen Museen mit Fundortangabe „Umgebung Paulushofen" von hier stammen, läßt sich nicht mehr entscheiden.
1791 sollen in der Flur Birklach mehr als 200 Hügel gezählt worden sein. „Ausgrabungen" erbrachten bronze- und hallstattzeitliche Gegenstände, 1897 kam noch Keramik der Frühlatènezeit hinzu. Leider sind auch hier die Informationen, wie sich die Grabhügel zeitlich zueinander verhalten und ob es Nachbestattungen gab, für immer verloren. Heute sind nur noch 51 Hügel in der Waldabteilung „Bei der Lärche" zu verzeichnen, die wiederum vor dem Steilabfall angelegt sind. Etwa ein Viertel der Hügel sind groß und bis zwei Meter hoch. Die größten, aber auch einige kleine, sind tief eingemuldet oder durchschnitten.

Abb. 35 Keltischer Stier aus Weltenburg

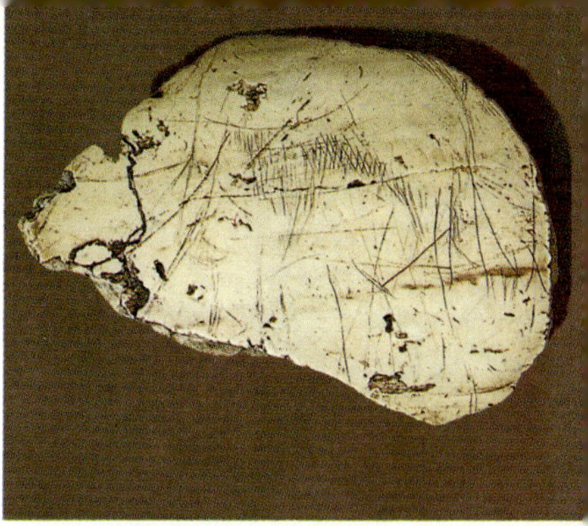

Abb. 36 Elfenbeinplatte mit Mammutritzung aus der Oberen Klausenhöhle

Abb. 37 Keltische Ausgußtülle aus Kelheim

Abb. 38 Schüssel der Chamer Gruppe aus Griesstetten

Abb. 39 Hallstattzeitlicher Henkeltopf aus Untereggersberg

Abb. 40 Urnenfelderzeitliches Tonmodell eines Bootes aus Dietfurt

Literatur-Auswahl

Amtlicher Schulanzeiger für den Regierungsbezirk Niederbayern Nr. 5, Landshut 1975 (Mit Aufsätzen von Rainer Christlein, Gisela Freund, Fritz-Rudolf Herrmann, Friedrich B. Naber).

Ingrid Burger, Archäologisches Museum der Stadt Kelheim. Museumsführer, Fürth 1984.

Klaus Eisele – Michael Hoppe, Archäologische Untersuchungen am Rhein-Main-Donau-Kanal 1984/85 und 1986/87 (Schriftenreihe der Gruppe Geschichte der Weltenburger Akademie 1.14 und 1.15), Weltenburg 1986 und 1988.

Bernd Engelhardt, Führer zum archäologischen Wanderpfad „Weltenburger Enge". 1. Etappe: Von Kelheim nach Weltenburg, o.O. 1982.

– , Ausgrabungen am Main-Donau-Kanal. Archäologie und Geschichte im Herzen Bayerns, München 1987.

Gisela Feund, Die ältere und die mittlere Steinzeit in Bayern (Jahresbericht der bayer. Bodendenkmalpflege 4, 1963), München 1964.

Bernd-Rüdiger Goetze, Archäologische Gewinne des Rhein-Main-Donau-Kanals 1-4 (Schriftenreihe der Gruppe Geschichte der Weltenburger Akademie 1.5, 1.6, 1.8, 1.10), Weltenburg 1981-1983.

Elisabeth und Hermann Gruber (Hrg.), Das Große Schulerloch. Die Tropfsteinhöhle im Altmühltal, Regensburg 1984 (Mit Aufsätzen von Jürgen Binder, Brigitte Kaulich, Martin Nadler).

Alix Hochstetter, Die Hügelgräber-Bronzezeit in Niederbayern (Materialhefte zur bayerischen Vorgeschichte 41), Kallmünz 1980.

Friedrich Hermann Hofmann – Felix Mader (Hrg.), Die Kunstdenkmäler von Oberpfalz und Regensburg, Band XII: Bezirksamt Beilngries, 2 Bde., München 1908; Nachdruck 1982.

Brigitte Kaulich – Martin Nadler – Ludwig Reisch, Führer zu urgeschichtlichen Höhlenfundplätzen des unteren Altmühltals, Erlangen 1978 (maschinenschriftl. Manuskript).

Erwin Keller, Die vor- und frühgeschichtlichen Geländedenkmäler Oberbayerns (Materialhefte zur bayerischen Vorgeschichte Reihe B); in Vorbereitung.

Gerd Lottes (Hrg.), Das Altmühltal und die Rhein-Main-Donau-Wasserstraße (Natur und Technik 8), Hamburg 1989 (Mit Beiträgen von Bernd Engelhardt, Erwin Rutte).

Johannes Pätzold, Die vor- und frühgeschichtlichen Geländedenkmäler Niederbayerns (Materialhefte zur bayerischen Vorgeschichte Reihe B, 2), Kallmünz 1983.

Sabine Rieckhoff-Pauli – Walter Torbrügge (Hrg.), Regensburg-Kelheim-Straubing, 2 Bände (Führer zu archäologischen Denkmälern in Deutschland 5 und 6), Stuttgart 1984.

Michael M. Rind, Kanalarchäologie im Altmühltal, Buch am Erlbach 1987.

Erwin Rutte, Rhein-Main-Donau. Wie-wann-warum sie wurden. Eine geologische Geschichte, Sigmaringen 1987.

Lothar Schnabel – Walter E. Keller, Vom Main zur Donau. 1200 Jahre Kanalbau in Bayern, Bamberg 1985.

Konrad Spindler, Die Archäologie des Frauenberges von den Anfängen bis zur Gründung des Klosters Weltenburg, Regensburg 1981.

Arnim Stroh, Die vor- und frühgeschichtlichen Geländedenkmäler der Oberpfalz (Materialhefte zur bayerischen Vorgeschichte Reihe B, 3), Kallmünz 1975.

Walter Torbrügge, Die Bronzezeit in der Oberpfalz (Materialhefte zur bayerischen Vorgeschichte 13), Kallmünz 1959.

– , Beilngries. Vor- und Frühgeschichte einer Fundlandschaft (Kataloge der Prähistorischen Staatssammlung), Kallmünz 1964.

– , Die Hallstattzeit in der Oberpfalz II (Materialhefte zur bayerischen Vorgeschichte 20), Kallmünz 1965.

– , Die Hallstattzeit in der Oberpfalz I (Materialhefte zur bayerischen Vorgeschichte 39), Kallmünz 1979.

Weltenburger Akademie (Hrg.), Erwin Rutte-Festschrift, Kelheim/Weltenburg 1983 (Mit Beiträgen von Ingrid Burger – Hans Geisler, Bernd Engelhardt).